"一带一路"列国人物传系

# 毛里求斯8人传

## 印度洋上的明星和钥匙

王灵桂　王　渊　武晋伟◎编著

五洲传播出版社·北京
China Intercontinental Press

**图书在版编目（CIP）数据**

毛里求斯8人传 ： 印度洋上的明星和钥匙 / 王灵桂，王渊，武晋伟编著. -- 北京 ： 五洲传播出版社，2025.4. -- ISBN 978-7-5085-5352-8

Ⅰ. K834.84

中国国家版本馆CIP数据核字第2025M6H512号

**毛里求斯8人传：印度洋上的明星和钥匙**

编　　著：王灵桂　王　渊　武晋伟

出 版 人：关　宏

责任编辑：侯琴雅

装帧设计：山谷有魚

出版发行：五洲传播出版社

地　　址：北京市海淀区北三环中路31号生产力大楼B座6层

邮　　编：100088

发行电话：010-82005927，010-82007837

网　　址：http://www.cicc.org.cn，http://www.thatsbooks.com

印　　刷：北京市房山腾龙印刷厂

版　　次：2025年4月第1版第1次印刷

开　　本：880×1230mm 1/32

印　　张：6.25

字　　数：105千字

定　　价：49.80元

# 《“一带一路”列国人物传系》编辑委员会

# 总　序

# 群星闪耀“一带一路”

“2100 多年前，中国汉代的张骞肩负和平友好使命，两次出使中亚，开启了中国同中亚各国友好交往的大门，开辟出一条横贯东西、连接欧亚的丝绸之路。”[1] 2013 年 9 月 7 日，中国国家主席习近平在哈萨克斯坦纳扎尔巴耶夫大学发表演讲，以博古通今的睿智对大学生们娓娓道来丝绸之路古老而年轻的故事。

“我的家乡陕西，就位于古丝绸之路的起点。站在这里，回首历史，我仿佛听到了山间回荡的声声驼铃，看到了大漠飘飞的袅袅孤烟。这一切，让我感到十分亲切。哈萨克

[1]《习近平谈治国理政》，外文出版社，2014年10月第1版，第287页。

斯坦这片土地，是古丝绸之路经过的地方，曾经为沟通东西方文明，促进不同民族、不同文化相互交流和合作作出过重要贡献。东西方使节、商队、游客、学者、工匠川流不息，沿途各国互通有无、互学互鉴，共同推动了人类文明进步。”“不同种族、不同信仰、不同文化背景的国家完全可以共享和平，共同发展。这是古丝绸之路留给我们的宝贵启示。”“为了使我们欧亚各国经济联系更加紧密、相互合作更加深入、发展空间更加广阔，我们可以用创新的合作模式，共同建设‘丝绸之路经济带’。”[1] 推己及人，高瞻远瞩，引领时代，习近平主席在阿斯塔纳[2]通过哈萨克斯坦人民，首次向世界发出了让古老的丝路精神再次焕发青春和光彩的时代宣言。

2013 年 10 月 3 日，习近平主席在印度尼西亚国会发表了题为《共同建设二十一世纪“海上丝绸之路”》的演讲：“东南亚地区自古以来就是‘海上丝绸之路’的重要枢纽，

[1]《习近平谈治国理政》，外文出版社，2014年10月第1版，第287、288、289页。

[2] 哈萨克斯坦新首都名称。

中国愿同东盟国家加强海上合作，使用好中国政府设立的中国—东盟海上合作基金，发展好海洋合作伙伴关系，共同建设21世纪‘海上丝绸之路’”，“发挥各自优势，实现多元共生、包容共进，共同造福于本地区人民和世界各国人民”。[1]这个倡议和9月7日的演讲异曲同工、遥相呼应、互为映衬，完整地提出了“丝绸之路经济带”和“21世纪海上丝绸之路”的宏伟构想。

从广袤的亚欧腹地哈萨克斯坦到风光旖旎的印度尼西亚，习近平主席提出的“丝绸之路经济带”和“21世纪海上丝绸之路”吸引了世界各国的目光。从2013年9月至2016年8月，习近平主席出访37个国家（亚洲18国、欧洲9国、非洲3国、拉美4国、大洋洲3国），对“一带一路”倡议的总体框架和基本内涵作了充分阐述。和平合作、开放包容、互学互鉴、互利共赢的丝路精神，共商、共建、共享的合作理念，驱散了“去全球化”的阴霾，为增长低

[1]《习近平谈治国理政》，外文出版社，2014年10月第1版，第293、295页。

迷的世界经济注入新的动能。各国纷纷将本国经济发展与中国政府制定的《推动共建丝绸之路经济带和21世纪海上丝绸之路的愿景与行动》规划相衔接。“一带一路”倡导的政策沟通、设施联通、贸易畅通、资金融通、民心相通等“五通”，正在以基础设施、经贸合作、产业投资、能源资源、金融支撑、人文交流、生态环保、海洋合作等为载体和依托，在全球掀起了投资兴业、互联互通、技术创新、产能合作的新势头。2016年中国牵头成立有57个成员国加入的亚洲基础设施投资银行（AIIB），2017年3月23日迎来13个新伙伴。孟加拉配电系统升级扩容项目、印尼全国棚户区改造项目、巴基斯坦国家高速公路项目和塔吉克斯坦杜尚别至乌兹别克斯坦道路改造项目已经获得亚投行金融支持，共商共建成为现实。

“一带一路”倡议得到国际社会的热烈响应。2016年11月17日，第71届联合国大会193个成员国一致赞同，通过了第A/71/9号决议，欢迎“一带一路”倡议，敦促各国通过参与“一带一路”，呼吁国际社会为开展“一带一路”建设提供安全保障环境。2017年3月17日，联合国安理会全票赞成，一致通过第2344号决议，呼吁国际社会凝聚援助阿富汗共识,通过“一带一路”建设等加强区域经济合作，敦促各方为“一带一路”建设提供安全保障环境。

2017年1月，习近平主席在联合国日内瓦总部发表题为《共同构建人类命运共同体》的重要演讲，全面深入系统阐述人类命运共同体重大理念，在国际上引起热烈反响，受到各方普遍欢迎和高度评价。3月23日，联合国人权理事会第34次会议通过关于“经济、社会、文化权利”和“粮食权”两个决议，决议明确表示要通过“一带一路”建设“构建人类命运共同体”。这是人类命运共同体重大理念首次载入人权理事会决议，标志着这一理念成为国际人权话语体系的重要组成部分。2017年5月，北京喜迎来自“一带一路”相关国家的元首、政府首脑、前政要，以及国际组织负责人，还有专家学者和知名企业家等各界代表上千人，出席“‘一带一路’国际合作高峰论坛”，共商沿线各国之合作共赢大计。

“一带一路”不是中国的独角戏，是与亚、欧、非洲及世界各国共同奏响的交响乐。中国恪守联合国宪章的宗旨和原则，坚持开放合作、和谐包容、政策沟通，培育政治互信，建立合作共识，协调发展战略、促进贸易便利化及多边合作体制机制。中国携手100多个国家和地区，依托国际大通道，以陆上沿线中心城市为支撑，以重点经贸产业园区为合作平台，共同打造新亚欧大陆桥、中蒙俄、中国—中亚—西亚、中巴、孟中印缅、中国—中南半岛等国际经济合作走廊进展顺利，中欧班列在贸易畅通上动力强劲，风景亮丽；以海上重点港口为节点，共同建设通畅安全高效的运输通道，实现陆海路径的紧密关联和合作，太平洋、印度洋、大西洋上巨轮往来频繁，不亦乐乎。亚太经合组织、亚欧会议、大湄公河次区域合作等有关决议或文件，都体现了“一带一路”建设内容。丝路基金、开发性金融、供应链金融汇聚全球财富，建设绿色、健康、智慧与和平的丝绸之路，增进各国民众福祉。

“一带一路”是人类历史上从未有过的恢宏蓝图，也是横跨亚非欧连接世界各国的暖心红线。“丝绸之路经济带”包括中国经中亚、俄罗斯至欧洲（波罗的海），中国经中亚、西亚至波斯湾、地中海，中国至东南亚、南亚、印度洋；

“21 世纪海上丝绸之路”包括从中国沿海港口过南海到印度洋，再延伸至欧洲和到南太平洋。一路驼铃声声、舟楫相望，互通有无、友好交往。

在新的时代，在创新古丝路精神的伟大进程中，习近平主席专门缅怀丝路开拓者，特意致敬古丝路精神奠基人：“我们的祖先在大漠戈壁上‘驰命走驿，不绝于时月’，在汪洋大海中‘云帆高张，昼夜星驰’，走在了古代世界各民族友好交往的前列。甘英、郑和、伊本·白图泰是我们熟悉的中阿交流友好使者。丝绸之路把中国的造纸术、火药、印刷术、指南针经阿拉伯地区传播到欧洲，又把阿拉伯的天文、历法、医药介绍到中国，在文明交流互鉴史上写下了重要篇章。千百年来，丝绸之路承载的和平合作、开放包容、互学互鉴、互利共赢精神薪火相传。”[1] 这种吃水不忘挖井人的情怀，再次展现了中华民族不忘历史、纪念先贤、展望未来的优秀文化基因，也为中国传记文学学会参加“一带一路”建设指明了方向和道路。

[1] 习近平：《弘扬丝路精神 深化中阿合作——在中阿合作论坛第六届部长级会议开幕式上的讲话》，《人民日报》2014年6月6日。

在古老的丝绸之路上，我们不曾相忘：张骞出使西域到过的哈萨克斯坦，山高水长的好邻居巴基斯坦，双头鹰下横跨欧亚之国俄罗斯，草原之国蒙古，喜马拉雅浮世天堂尼泊尔，菩提恒河保佑之国印度，文化瑰宝伊朗，首创法典之国伊拉克，红海门户之国也门，石油王国沙特阿拉伯，波斯湾明珠巴林，雪松之国黎巴嫩，海湾之秀科威特，沙漠之巅阿联酋，半岛明珠之国卡塔尔，波斯湾霍尔木兹海峡守门人阿曼，万湖之国白俄罗斯，欧亚十字路口土耳其，流着奶和蜜之地以色列，欧洲粮仓乌克兰，亚平宁半岛上的文化巅峰意大利，阿尔卑斯之巅的瑞士，玫瑰之国保加利亚，与灵魂对话的思辨之国德意志，欧洲文化殿堂法兰西，欧洲客厅比利时，郁金香之国荷兰，热情如火的西班牙，还有绅士国度英国，北非金字塔之国埃及，非洲屋脊奉马蹄莲为国花的埃塞俄比亚，香草大岛之国马达加斯加，等等。

沿着海上丝绸之路，我们会领略丛林花园之国马来西亚，花园国度新加坡，千岛之国菲律宾，赤道翡翠之国印度尼西亚；沿澜沧江一路南下，我们不曾相忘澜湄泽润之国越南，千佛之国泰国，高棉的微笑之国柬埔寨，万象之都老挝，印度洋上明珠之国斯里兰卡，印度洋上的明星和钥匙毛里求斯，堆金积玉之国文莱，追求自由之国东帝汶，印度洋世外桃源马尔代夫，骑在羊背上的国家澳大利亚，上帝的后花园新西兰，等等。

“一带一路”沿线国家里，那些千百年来影响了人类与国家、民族命运并与中国曾经有过交往的古今人物，至今还能在教科书、影视剧里看到他们，还能感受到他们在一代一代年轻人身上所生发的影响和魅力。

当然，对于中国人来说，更为熟悉的是丝绸之路的开拓者。曾记否？丝绸之路开拓者中，有汉武帝和他的使节们，有首开大唐盛世的唐太宗及其无数臣民，有再续睦邻通商航海路的宋祖朝廷和无数先贤，还有金戈铁马风漫卷的元代人物，一统江山万里帆的明代人物，环球凉热自清浊的清代人物，东西碰撞溅火花的近代人物，经受风雨变迁、勇立海国之志的现代人物，更有丝路明珠敦煌莫高窟的守护者，卫国助邻的将军和通司中外的外交家们。当然，数风流人物，还看今朝，我们不能不浓墨重彩地讴歌那些智通商海，投身到新丝路建设中的当代人物。

耕云播雨，香火延续，智慧传承，历史再续！2100多年的友好交往历史从未隔断，惠及三大洲的中西交通从未停歇，21世纪的“中国梦”和“世界梦”汇成了人类命运共同体的时代和弦，响彻在“一带一路”辽阔的长空。也正因如此，在2023年的金秋时节，习近平主席同来自五洲四海的新老朋友相聚北京，共同出席第三届“一带一路”国际合作高峰论坛。世界的目光再次聚焦北京、聚焦中国。10年来，在各方的共同努力下，共建“一带一路”从中国倡议走向国际实践，从理念转化为行动，从愿景转变为现实，从谋篇布局的“大写意”到精耕细作的“工笔画”，取得实打实、沉甸甸的成就，成为深受欢迎的国际公共产品和国际合作平台。“一带一路”合作从亚欧大陆延伸到非洲和拉美，150多个国家、30多个国际组织签署共建“一带一路”合作文件，举办3届“一带一路”国际合作高峰论坛，成立了20多个专业领域多边合作平台。[1]这是中华

[1]《习近平在第三届“一带一路”国际合作高峰论坛开幕式上的主旨演讲（全文）》，2023年10月18日，https://www.gov.cn/yaowen/liebiao/202310/content_6909882.htm。

民族和世界历史上都应该铭记的大日子。

“一带一路”沿线国家拥有各自悠久的历史和丰富的文化传统，从古到今，涌现出了许多令人钦佩的人物，他们的成就在促进不同文化之间的民心相通方面发挥了重要作用，他们的贡献有助于加深各国人民之间的理解和合作。以人物传记写作为己任的中国传记文学学会，在“一带一路”倡议实施中，肩负“讲好‘一带一路’民心相通好故事”的使命和责任，这也是国家赋予我们的根本职责和任务。在中国文学艺术界联合会的领导下，在中国社会科学院国家全球战略智库指导下，中国传记文学学会以赤诚的家国情怀、强烈的时代精神、为人物立传的责任担当，在认真调研、周密谋划、精心组织基础上，毅然决定倾注全力组织编写、筹资出版“‘一带一路’列国人物传系”。此皇皇百卷传系讲述近千名各国卓越人物故事，集数百位专家作家尽心挥毫，冬去春来，夜以继日……幸得各界人士倾力赞助，又得中国出版集团公司华文出版社、当代世界出版社、五洲传播出版社出版发行。于是，各位读者得以读到手中的这套活泼而不失厚重、有趣而不失学养的列国人物合传书卷。

孔子曰 :“仁者，人也。”让各国的先贤智者的思想光辉，照亮我们探索人类未来的道路。

传记明志，落笔为文，是为总序。

中国传记文学学会会长

“‘一带一路’列国人物传系”编委会主任

王丽 博士

2023 年 10 月 18 日

# Introduction: The Star-studded "Belt and Road"

On September 7, 2013, Chinese President Xi Jinping delivered a speech at Kazakhstan's Nazarbayev University, telling college students the ancient yet up to date stories of the Silk Road with well-versed wisdom.

"More than 2,100 years ago during the Han Dynasty (206 BC-220AD), a Chinese envoy named Zhang Qian was sent to Central Asia twice on missions of peace and friendship. His journeys opened the door to friendly contacts between China and Central Asian countries, and started the Silk Road linking east and west, Asia and Europe.

Shaanxi, my home province, is right at the starting point of the ancient Silk Road. Today, as I stand here and look back at that history, I seem to hear the camel bells echoing in the mountains and see the wisp of smoke rising from the desert, and this gives me a specially good feeling.

Kazakhstan, located on the ancient Silk Road, has made an important contribution to the exchanges between the Eastern and Western civilizations and the interactions and cooperation between various nations and cultures. This land has borne witness to a steady stream of envoys, caravans, travelers, scholars and artisans traveling between the East and the West. The exchanges and mutual learning thus made possible promoted the progress of human civilization." [1]

"Countries of different races, beliefs and cultural backgrounds are fully able to share peace and development. This is the valuable inspiration we have drawn from the ancient Silk Road," [2] and "to forge closer economic ties, deepen cooperation and expand

[1] *Xi Jinping: The Governance of China*. 1st ed., Foreign Languages Press, Beijing, October 2014, p.311.

[2] *Xi Jinping: The Governance of China*. 1st ed., Foreign Languages Press, Beijing, October 2014, p.312.

development space in the Eurasian region, we should take an innovative approach and jointly build an economic belt along the Silk Road." [1]

With caring, vision and leadership, through the people of Kazakhstan in Astana, President Xi Jinping, for the first time, has made a declaration to the world that would rejuvenate the spirit of the ancient Silk Road.

On October 3, 2013, President Xi Jinping gave a speech titled "Work Together to Build a 21st-century Maritime Silk Road" at the People' s Representative Council of Indonesia.

"Southeast Asia has since ancient times been an important hub along the ancient Maritime Silk Road. China will strengthen maritime cooperation with the ASEAN countries, and the China-ASEAN Maritime Cooperation Fund set up by the Chinese government should be used to develop maritime partnership in a joint effort to build the 'Maritime Silk Road' of the 21st century." [2] And "the two

---

[1] *Xi Jinping: The Governance of China*. 1st ed., Foreign Languages Press, Beijing, October 2014, p.313.

[2] *Xi Jinping: The Governance of China*. 1st ed., Foreign Languages Press, Beijing, October 2014, p.317.

sides need to give full rein to our respective strengths to enhance diversity, harmony, inclusiveness and common progress in our region for the benefit of both our people and the people outside the region." [1]

This initiative and the speech on September 7 both express the same idea and echo with each other, completing a grand vision of the "Silk Road Economic Belt" and the "21st Century Maritime Silk Road" .

From Kazakhstan in the vast Eurasian hinterland to the beautiful scenery of Indonesia, Xi Jinping's proposed "Silk Road Economic Belt" and "21st Century Maritime Silk Road" have attracted the attention of countries all over the world. From September 2013 to August 2016, Xi visited 37 countries (18 in Asia, 9 in Europe, 3 in Africa, 4 in Latin America and 3 in Oceania), and fully elaborated on the overall framework and basic connotation of the "Belt and Road" initiative. The Silk Road spirit

[1] *Xi Jinping: The Governance of China*. 1st ed., Foreign Languages Press, Beijing, October 2014, p.319.

of peace and cooperation, openness and inclusiveness, mutual learning, and mutual benefit, combined with the idea that projects should be jointly built through consultation to meet the interests of all, dispels the haze of "de-globalization" and injects new kinetic energy into the sluggish growth of the world economy. Many countries have linked up their own economic development to the "Vision and proposed actions outlined on jointly building Silk Road Economic Belt and 21st- Century Maritime Silk Road" proposed by the Chinese government.

The "Belt and Road" initiative advocates policy coordination, facilities connectivity, unimpeded trade, financial integration, and people-to-people bond. With the emphasis on infrastructure build-up, economic and trade cooperation, industrial investment, energy resources development, financial support, people-to-people exchanges, ecological environmental protection, and marine cooperation, the initiative has set off a new momentum in investment, trade activity, technological innovation, and production capacity cooperation in the world. In 2016, China led the establishment of the Asian Infrastructure Investment Bank (AIIB), which was joined by 57 member states. As of June 26, 2018, after six expansions, the total number of members increased to 87, and 28 projects had been carried out in 13 countries. The Bangladesh Power Distribution System Upgrade Expansion Project, the Indonesia National Shanty Town Transformation Project, the Pakistan National Highway Project and the Tajikistan Dushanbe-Uzbekistan Border Road Improvement Project have received financial support from the AIIB. The idea of joint project implementation through consultation to meet the interests of all has since turned into reality .

The "Belt and Road" initiative has drawn strong and positive feedback from the international community. On November 17, 2016, the 71st session of the 193 members of the United Nations General Assembly unanimously endorsed the adoption of resolution A/71/9 to welcome the "Belt and Road" proposal, encouraging all of its member states to boost economic development of Afghanistan and the region through participation in the proposed project. In addition, it called on the international community to provide a safe and secure environment for the implementation of the initiative. On March 17, 2017, the United Nations Security Council voted unanimously to adopt resolution NO. 2344, and called on the international community to rally assistance to Afghanistan, and strengthen regional economic cooperation through the "Belt and Road" initiative, etc. It also urged all parties to provide a safe and secured environment for carrying out the program.

In January 2017, President Xi Jinping delivered a keynote speech at the United Nations Office at Geneva titled "Work Together to Build a Community of Shared Future for Mankind", comprehensively and systematically elucidated the fundamental idea of a community with a shared future for mankind, which echoed enthusiastically in the international community and was widely welcomed and highly applauded by many countries, organizations and political parties. At its 34th meeting, on March 23, the United Nations Human Rights Council adopted two resolutions on "economic, social and cultural rights" and "the right to food", which clearly stated the need to "build a community with a shared future for mankind" . This is the first time the landmark concept of a community with a shared future for mankind has been incorporated into a UN Human Rights Council resolution, and it has become an important part of the international human rights discourse system.

The "Belt and Road" is not a solo play by China only, but a symphony played in concert with Asia, Europe, Africa and countries around the world. China abides by the purposes and principles of the UN Charter, advocates openness and cooperation, espouses harmony and inclusiveness, supports policy coordination, fosters political mutual trust, builds consensus on cooperation, coordinates development strategies and promotes trade facilitation and the institutional mechanisms of multilateral cooperation. China has joined hands with more than 100 countries and regions to co- create a new Eurasian continental bridge. This has been accomplished by taking advantage of international transport routes that are supportive of the central cities along the "Belt and Road" , and building key economic and trade industrial parks as a platform for cooperation. China-Mongolia-Russia, China-Central Asia-West Asia, China-Pakistan, Bangladesh-China-India-Myanmar, China-Indochina Peninsula and other international economic cooperation corridors are progressing smoothly. China Railway Express accentuates trade and shipping overland between China and Europe with a bright future. Meanwhile, key sea ports also serve as the nodes to jointly build a smooth, safe and efficient transportation network, and hence enables a close connection between land and sea routes. Together with the overland cargo train transportation, the frequent cargo ships sailing on the Pacific, Indian and Atlantic Oceans poses an amazing picture. In summary, the relevant resolutions or documents of the Asia-Pacific Economic Cooperation, the Asia-Europe Meeting, and the Greater Mekong Subregion Economic Cooperation program all embody the "Belt and Road" initiative. By bringing together the world's wealth, Silk Road Fund, development finance, and supply chain finance strive to build a green, healthy, intelligent and peaceful Silk Road, and enhance the well-being of people around the globe.

The "Belt and Road" is a grand blueprint that has never been seen in human history. It is also a warm heart line that connects Asia, Africa and Europe to countries around the world. The Silk Road Economic Belt includes China via Central Asia, Russia to Europe (Baltic Sea), China via Central Asia, West Asia to the Persian Gulf, the Mediterranean Sea, China to Southeast Asia, South Asia, and the Indian Ocean; the 21st Century Maritime Silk Road includes from China's coastal ports to the South China Sea as well as the Indian Ocean that extends to Europe and the South Pacific. Friendly exchanges among countries are just a camel-ride and a boat trip away from each other.

In this new era and the great course of renovating the spirit of the ancient Silk Road, President Xi Jinping dedicated to cherish the pioneers of the Silk Road and particularly pay tribute to the founders of the spirit of the ancient Silk Road:

"In ancient times, our ancestors struggled through deserts and sailed in boundless seas to transport Chinese products to countries overseas, taking a lead in international friendly contact. Along that path, Kan Ying, Zheng He and Ibn Battuta were all known as envoys of this China-Arab friendship. Through the Silk Road, Chinese inventions like paper-making, gunpowder, printing and the magnetic compass were spread to Europe, and Arabic conceptions like astronomy, the calendar and medicine were introduced to China.

For hundreds of years, the spirit that the Silk Road bears, namely, peace and cooperation, openness and inclusiveness, mutual learning, mutual benefits and win-win results, has lived on through generations." [1]

There is a Chinese saying that when you drink the water, think of those who dug the well. The implication that the Chinese people never forget history is clearly demonstrated in our excellent

[1] Xi Jinping, "Promoting the Silk Road Spirit and Deepening China–Arab Cooperation." Key Note Speech at the Opening Ceremony of the 6th Ministerial Meeting of the China–Arab States Cooperation Forum, section one, People's Daily, June 6, 2014.

cultural tradition of commemorating the sages and at the same time looking forward to the future. It also points out the direction and path for the Chinese Biographical Literature Society to participate in the "Belt and Road" initiative.

On the ancient Silk Road, we have never forgotten Zhang Qian's twice diplomatic missions to the western regions in Han Dynasty that include Kazakhstan, the good neighbor Pakistan with high mountains and beautiful rivers, the double-headed eagle across Eurasian country Russia, grassland country Mongolia, Himalaya floating paradise Nepal, Bodhi Ganges blessed country India, cultural treasure Iran, the first Codex System member country Iraq, Red Sea gateway Yemen, oil kingdom Saudi Arabia, the Persian Gulf pearl Bahrain, cedar country Lebanon, Gulf Star Kuwait, desert peak UAE, the Peninsula pearl Qatar, and Oman—the gatekeeper of Hormuz Strait at Persian Gulf, thousand-lake country Belarus, Turkey at the Eurasian crossroads, Israel—a land flowing with milk and honey, Ukraine of European granary, Italy—the cultural pinnacle of Apennines, Switzerland at the top of Alpine, rose country Bulgaria, and Germany, a nation famous for great thinkers, France, the center of the European culture, the welcoming and comfortable Belgium, tulip country Netherlands, the warm and sunny Spain, as well as the elegant Britain, pyramid country Egypt in North Africa, Ethiopia on the roof of Africa with the national flower of calla lily, the great Vanilla Island country Madagascar, and so on.

Along the Maritime Silk Road, we will come across Malaysia, the country of jungle gardens, garden country Singapore, the Thousand Islands country Philippines, and Indonesia, an emerald on the equator line. Down the Lancang-Mekong River all the way south, we will experience Vietnam whose land moistened by the Lancang-Mekong River, Thailand, the country of thousand Buddhas, the smiling country of Khmer Cambodia, and Laos, the "Land of a Million Elephants" . On the Indian Ocean, we will also see the ocean pearl Sri Lanka, the ocean star Mauritius, the rich and abundant Brunei, the freedom seeker East Timor, the idyllic Maldives, and Australia, a country on the back of the sheep, New

Zealand, the back garden of God, and so on.

In the countries along the Belt and Road, those ancient and modern figures who have influenced the destiny of mankind, countries and nations for thousands of years and had dealings with China are still seen in today's textbooks, movies and television dramas. Their influence and charm are still felt by generations of young people.

Certainly, for the Chinese people, we are more familiar with the pioneers of the Silk Road. Have we ever remembered? Among the trail blazers of the Silk Road were Emperor Wu of Han Dynasty and his envoys, Emperor Li Shimin, the co-founder of the Tang Dynasty that epitomized a golden age and his countless subjects, the Song imperial court and numerous sages who continued good-neighbor practice and friendly maritime navigation, as well as the Yuan Dynasty warriors who led armored cavalry with shining spears, the Ming Dynasty figures who unified the country, and the Qing Dynasty characters who maintained a clear mind during global turmoil, as well as the modern individuals who, by learning from both the west and the east in a time of rapid change, had the courage to build a sea power nation. There were also the guardians of Dunhuang Mogao Grottoes known as the Silk Road Pearl, the generals who safeguarded the country and helped the neighbors, and the diplomats who convey information and messages between China and foreign countries. Without a doubt, it is our current era that features true heroes. We can not praise highly enough the contemporary people who have been plunging themselves into the development of the new Silk Road.

Hard work pays off, family line continues, wisdom passes on, and history pushes forward! The history of friendly exchanges and traffic between China and the West, which benefits the four continents, for more than 2,100 years has been nonstop. The "Chinese Dream" and "World Dream" in the 21st century have become the chord of our time for humanity's shared future, resounding on the "Belt, and Road." For this reason, in May 2017, Beijing welcomed thousands of leaders from all walks of life, including heads of government, former eminent statesmen, well-known entrepreneurs, distinguished experts and scholars from the "Belt and Road" countries, as well as leaders of international organizations to attend the "International Cooperation Summit Forum." This grand event of "Thousands of people' s meeting" shared "solidarity, mutual trust, equality, inclusiveness, mutual learning and win-win cooperation"[1] and exchanged views on this "great undertaking benefiting of the people of all countries along the route." [2] This is a big day that should be remembered in the history of the Chinese nation and the world.

In the implementation of the "Belt and Road" initiative, the Chinese Biographical Literature Society that devotes to biography writing, takes as its the mission "telling the good stories" of the "Belt and Road", which is also the responsibilities entrusted to us

[1] Xi Jinping, *Promote Friendship between Our People and Work Together to Build a Bright Future*, Keynote speech at Nazarbayev University in Kazakhstan, September 7, 2013.

[2] Xi Jinping, *Promote Friendship between Our People and Work Together to Build a Bright Future*, Keynote speech at Nazarbayev University in Kazakhstan, September 7, 2013.

by the state.

Under the leadership of the China Federation of Literary and Art Circles and the guidance of the National Global Strategic Think Tank of the Chinese Academy of Social Sciences, the Chinese Biographical Literature Society, with its love for the family and the nation, a keen spirit of the age and the responsibility of writing decent biographies, by careful research, thorough planning and thoughtful organization, made an unwavering decision to devote itself to organizing and publishing the "The Legend of the People along the Belt and Road nations". These brilliant volumes of biographies tell the stories of nearly a thousand national characters, involving laborious work from hundreds of expert writers who had been writing day and night over years. Our gratitude extends to the China Intercontinental Press, for the publication and distribution. Thanks to their generosity and effort, readers now have the opportunity to read the vivid yet serious and interesting yet enlightened biographies of outstanding people from many nations.

Confucius said, "Humanity is of humans ." Let the brilliant

ideas of the wise men of all nations light up our path to explore the future of mankind.

The biographies are written for high ideals. Herein is the intro duction.

*President of the Chinese Biographical Literature Society*
*Director of the Editorial Board of*
*“The Legend of the People along the Belt and Road”*
*Dr. Wang Li*
*October 18, 2023*

# 目　录

# 引言

在蔚蓝的大海上，有一颗璀璨的星光。那是在印度洋的西南角上，遥远的非洲东部坐落着一处岛屿，蓝天碧海、阳光沙滩呈现出一种让人无法抗拒的美。当晚霞袭来，满天的色彩，那样的醉人。它拥抱着浩瀚的海洋，高耸的山峰，迷人的沙滩；散发着非洲的风情，也似乎彰显欧洲的风韵和亚洲的风采。它就是四周被珊瑚礁环绕的毛里求斯。

毛里求斯共和国，简称毛里求斯，为非洲东部的一个岛国，位于印度洋西南部，面积 2040 平方千米。毛里求斯岛由火山爆发形成，浅海为珊瑚礁环绕。1869 年苏伊士运河通航后，毛里求斯岛虽失去了一些原有的地理优势，但仍不失为印度洋中的战略要冲。截至 2022 年底，毛里求斯全国的人口总数为 126 多万人，毛里求斯没有原住民，现在的人口由多样种族组成，主要是印度和巴基斯坦裔（69%）、克里奥尔人（27%）、华裔（2.3%）和欧洲裔（1.7%）组成。

毛里求斯是一个由毛里求斯岛和周围群岛组成的岛国。早在公元前 1000 年，阿拉伯商人们就已经到过当时尚无人居住的毛里求斯；而且在中世纪阿拉伯人的地图上就已经对该岛进行了标记。1505 年，葡萄牙航海家马斯克林再次踏上这座神秘的岛屿，因为他到过的地方荒无人烟，只见到处是蝙蝠横飞，遂取名为“蝙蝠岛”，并将现在的毛里求斯、罗德里格和留尼汪诸岛取名为马斯克林群岛。1598 年，荷兰人来到这里，以莫里斯王子的名字给岛命名为“毛里求斯”，并统治了这里百余年。1715 年，法国人占领了毛里求斯岛，改称它为“法兰西岛”。多年以后，英国打败法国，将岛的名字又改回“毛里求斯”，并于 1814 年正式划归为英国殖民地。毛里求斯人通过各种方式求得自治，终于在 1961 年 7 月，英国同意毛里求斯自治。1968 年，岛上人民通过各种方式取得了独立，实行君主立宪制，仍以英国女王为元首。1992 年，毛里求斯政体为共和制，实行议会制，总统为国家元首，系礼仪性职务，行政实权由总理掌握。毛里求斯自独立后一直实行多党制，工党、社会主义战斗党（社战党）、战斗党轮流执政或联合执政，历届政府均坚决维护民族团结与和睦，实行文化多元化政策，保证了国家政局的稳定。

毛里求斯无正规作战军队，武装力量由警察、特别机动队和特工队组成。宪法规定国防总司令为总统，但是实际掌权人是总理。

毛里求斯原有经济结构单一，岛上仅生产蔗糖，20 世纪 70 年代后，通过国际货币基金组织和世界银行的支持，逐渐发展成为以糖业、出口加工业和旅游业为三大支柱的经济格局。近年来，毛里求斯在信息通信技术产业和金融业取得很大的发展。

毛里求斯国内的粮食及其他食品、棉毛原料、机器设备、石油产品等全部依赖进口，而输出产品主要为蔗糖及其加工品。外贸在毛里求斯的经济中占有非常重要位置，它同 100 多个国家有着贸易往来，主要贸易国有法国、英国、美国、印度、中国等。

毛里求斯的矿产资源匮乏，生产和消费矿产资源都不占有优势。国内主要出产建筑用的玄武岩、产于珊瑚的石灰，半成品钢铁和晒制海盐。其他资源如石油、天然气等则完全依赖进口。毛里求斯的水力资源也有限，近海捕捞十分有限，渔业资源稀少。但在230万平方公里专属经济区的渔业资源却十分丰富，尤其盛产金枪鱼，可供出口到世界各国。尽管如此，毛里求斯的海产品还是不能自给，大部分需要进口。也正因此，这里的自然环境保持得特别好，旅游资源得天独厚，是世界著名的旅游胜地，被喻为“欧洲后花园”。

毛里求斯的第一大产业是农业，岛国内可耕种面积为11.08万公顷，占全国土地面积的46%。第二大产业是制糖和出口加工，制糖是毛里求斯的传统工业，其外汇收入将近占总收入的一半；20世纪80年代初，出口加工业慢慢发展起来，主要出口产品有纺织品、服装、钟表、珠宝首饰、仪表等。旅游业作为毛里求斯第三大创汇产业，产值占国内生产总值的7.8%。游客主要来自欧洲及留尼汪、南非等周边国家和地区。

进入20世纪90年代，毛里求斯政府调整了经济发展方向，开始注重金融服务业，并鼓励离岸金融的发展。为将毛里求斯打造成为印度洋上安全、稳定和有效的金融服务中心，为此政府积极吸收外资金融机构来岛投资发展。

自1972年4月15日中毛建交以来，两国友好合作快速发展，双方交往频繁，合作领域不断拓宽。在古代丝绸之路上，两国的商人们合作把中国的茶叶、瓷器、丝绸等珍贵商品带到西方，把中国的四大发明带向当时仍然混沌的外部世界。经过多年的风雨历程，两国在不断的发展中登上一个又一个新的台阶。毛里求斯一贯奉行一个中国政策，与中国有着长期良好的外交关系。两国政府签有经济技术合作协定、避免双重征税协定、关于相互促进和保护投资协定、劳务合作协定、文化协定、体育协定等，并成立经济技术和贸易合作混合委员会。近年来，双边高层往来和互访频繁。自1972年至今，中国先后在毛里求斯援建了机场航站楼、机动车修理厂、体育场、巴克利桥、弗拉克医院扩建、农村小学校和新广播电视大楼等项目。目前正在执行的项目有维多利亚医院手术室、冰威廉地区城市污水管道项目和巴加泰勒水坝等项目[1]。中国在毛里求斯还

[1]《中毛经贸合作简况》，中华人民共和国驻毛里求斯共和国大使馆经商参处，http://mu.mofcom.gov.cn/article/zxhz/hzjj/201406/20140600631802.shtml。

开展了培训、农业技术合作等项目。总之，两国在发展中各个方面都有着紧密的联系，也必将在未来有着更多的合作契机。

毛里求斯在外交中奉行中立、不结盟和全方位外交政策，坚持外交为经济建设服务，主张与所有国家发展友好关系，积极参与地区合作和南南合作，重视发展同东部和南部非洲国家、毛里求斯人口来源国和印度洋沿岸国家关系。在近年中，毛里求斯与美国、印度、法国、英国等都建立了非常紧密的联系，在世界各国的发展中取得了不小的进步。

毛里求斯因渡渡鸟而被我们所知，位于亚洲、非洲和大洋洲大陆的中间，俗称“印度洋门户的一把钥匙”。如今，“一带一路”倡议又将开启这扇普惠各国经济发展的大门。古老的丝绸之路再度焕发出新的辉煌。毛里求斯也再次成为这条路上的关键和枢纽。今天，历经风雨的中毛友谊再逢新的历史机遇。2013 年习近平主席提出“一带一路”倡议后，毛里求斯总统于 2015 年 6 月 29 日宣布与中国共同促进“一带一路”经济区的建立和发展。毛里求斯与中国的关系自古就十分融洽，这次的合作又再一次地唤起了双方的记忆。

毛里求斯有丰富多彩的宗教节日，印证了这个岛国文化的多元性。各民族各宗教的庆祝盛典使大街小巷充满活力：人们游行庆祝中国的春节、泰米尔民族的渡火节；印度教徒长途跋涉到圣水湖朝圣；天主教徒到路易港拜访神父雅各伯拉华尔的墓地；伊斯兰教徒宰牲纪念亚伯拉罕牺牲自己儿子以示忠诚的故事。

翻阅这个国家的历史，你会看到许多为毛里求斯的国家独立和发展作出杰出贡献的人物：西沃萨古尔·拉姆古兰以其善心和能力成为毛里求斯开国总理；保罗·雷蒙·贝朗热以其激进的立场和实力成为第一位非印度教徒的毛里求斯总理；阿内罗德·贾格纳特以其铿锵有力的演讲和直言揭露政治问题，而令人印象深刻；纳文钱德拉·拉姆古兰弃医从政，成为毛里求斯历史上最年轻的总理；曾繁兴以其才华出众和勤奋刻苦，为人敬仰；莫妮克·奥桑·贝勒波以其不平凡的才华为毛里求斯的女性觉醒作出贡献；钟律芳以其博大的情怀，架起中国和毛里求斯友好的桥梁；拉杰克斯瓦尔·普里亚格以其丰富的经历，走上人生巅峰。本书中，我们邀请大家一起走进毛里求斯，了解毛里求斯人的故事，了解这颗印度洋明珠的独特风采。

Chapter 01

# 毛里求斯国父

## ——西沃萨古尔·拉姆古兰

西沃萨古尔·拉姆古兰，毛里求斯第一位总理。印度裔劳工家庭出身，毛里求斯弗拉克人，被称为毛里求斯的“国父”。西沃萨古尔·拉姆古兰为毛里求斯作出了巨大的贡献，对毛里求斯的影响十分深远。他领导了毛里求斯的民族独立运动，是毛里求斯当之无愧的民族英雄。毛里求斯成功获得独立后，西沃萨古尔·拉姆古兰被推选为毛里求斯第一任政府总理自然是众望所归。在西沃萨古尔·拉姆古兰担任总理期间，政府出台了许多利国利民的政策，并和中国建立了外交关系，为之后毛里求斯的繁荣发展奠定了良好的基础。在他因病意外去世后，举国哀痛，人们自发地组织千里送行队伍，足以见其在毛里求斯人民心中的分量之重。后来他的儿子纳文钱德拉·拉姆古兰继承其遗志，也曾担任毛里求斯的总理。

## 01 / 少年俊杰

西沃萨古尔·拉姆古兰是印度人后裔，1900 年 9 月 18 日出生于毛里求斯弗拉克区的贝尔里夫。新生命的到来让他的父亲老拉姆古兰欣喜不已，当即为儿子取名为西沃萨古尔以示喜爱。老拉姆古兰和妻子不同，他并不是一个土生土长的毛里求斯人。1896 年，老拉姆古兰从其故乡——印度乘船来到毛里求斯。这时的毛里求斯和印度一样,都是当时“日不落”大英帝国的殖民地。但是相比印度而言,这里的国土面积狭小，人口资源也极度匮乏，劳动力十分短缺。老拉姆古兰自认力气很大，为了赚取一份糊口的工钱，就到了一家英国人开的工厂当劳工。

时光飞逝，转眼间老拉姆古兰已经工作了几个年头，但是老拉姆古兰依然放不下对回到故土的执念，因为即使这里拥有更加肥沃的土地，更好的生活条件以及比家乡更多的工作机会，可他依然固执地觉得自己不属于这片土地。对于第一代移民而言，与自己的故乡相比，他们当地的归属感不强。直到儿子的出生，这种归属感不强的情况才有所改变。这个小生命的诞生给这个普通的家庭带来了诸多欢乐。也正是从此刻开始，老拉姆古兰真正地体会到了“责任”二字的含义，也终于下定决心要在毛里求斯打拼出一番事业，让儿子不再像自己一样为了生活所迫而背井离乡。他不仅要让儿子过上衣食无忧的生活，还要让他上学读书，学习文化，接受良好的教育，以期获得更大的成就。

在日复一日的辛勤努力后，老拉姆古兰终于获得了英国老板的赏识，不断地得到提拔，一时之间在贝尔里夫地区风头无二，地位和薪金都大大提高的老拉姆古兰终于可以完成彼时对儿子的承诺，让他无忧无虑地健康成长，到毛里求斯当地最好的学校读书，学习知识，丰富自己。拉姆古兰在小时候就有很好的政治素养，平日生活中小拉姆古兰总是有想不完的问题，对一些当下时事总是有着自己的想法。校园里的生活似乎很难满足他的需要，相比之下他更喜欢与有政治抱负的人打交道。

在他的幼年时期有一个好朋友，两人都是十分优秀的孩子，不同的是拉姆古兰有着先天的过人口才，有着同龄人无法超越的天马行空的思想观点。而他的朋友相较于拉姆古兰来说，则太过于安静稳重，他喜欢一个人默默地看书、散步。两人的性格天差地别，但是这并不妨碍两人成为彼此最好的知己。以至于后来的某一天，拉姆古兰向他的朋友介绍起自己脑海中想象的政治前途时，朋友微微一笑，提出了与其相近的自己的想法，这一举动着实令拉姆古兰大吃一惊。拉姆古兰和他的朋友都是一位虔诚的祈祷者，他们总是希望人民的生活幸福，天下安定，社会和谐，拉姆古兰早在年轻的时候就想着，他或许应该做些什么，让人民过上幸福的生活。首先医疗设施需要改善，其次教育系统需要治理，同时社会秩序也需要维护。他的内心是多么地澎湃，他始终相信只要努力世界总会给你一线生机，只要你努力社会便不会抛弃你。拉姆古兰就是信奉这样的观点，所以才会在后来的生活中越战越勇。

拉姆古兰的生活可以说是很安逸的，他的父亲总是希望拉姆古兰可以像别的小朋友一样广读诗书，因此从小就把他送到学校里接受良好的教育，同时也受父亲的影响，拉姆古兰在自己的生活中也过成了父亲的模样，从小父亲就教育自己希望他有良好的素质，所以后来拉姆古兰文质彬彬；父亲喜欢印度文化，所以后来拉姆古兰也深深地爱上了印度文化；父亲喜欢读书，所以后来拉姆古兰饱读诗书。拉姆古兰在父亲的循循善诱下不断地从一个什么也不懂的孩童长成了一个优秀的文人，一个优秀领导者，而这都为其最后成为毛里求斯伟大领袖奠定了不可磨灭的理论基础。

在拉姆古兰长大后，父亲将他送往了学校读书。在西沃萨古尔·拉姆古兰的学生年代，毛里求斯还是英国的殖民地，政府奉行“崇拜西方”的政策。上行下效，学校里的教材也是仿照英国学校的教材编订的，其中充满了对大英帝国的溢美之词，赞美英国是如何的强大、民主、公正，对英国人的生活状态更是描绘得奢华安逸。

经过学校的殖民教育，西沃萨古尔对英国心生向往，他希望自己将来能够有机会到英国读书，接受先进文化的熏陶，学成归来可以报效国家。宠爱孩子且同样对英国很有好感的家人自然满足了他的愿望，送他前往英国去读书深造。

但是当时作为世界强国的英国可不是随便什么人都可以前往的。想要前往英国留学的必须得是优秀的人才，而西沃萨古尔·拉姆古兰则显然是这样的人才。在去学校之前，他整日沉浸在书籍的海洋里，努力汲取知识，丰富自己的学识。同时，拉姆古兰还在努力学习英语，有时候还找到一些来到毛里求斯的英国人寻求帮助，力求能够说一口标准的伦敦口语。

在一番艰苦卓绝的准备后，西沃萨古尔·拉姆古兰踏上了前往英国的航程，来到了伦敦大学的经济学院。他成为第一个受大学教育的毛里求斯印度裔青年。

刚到英国的他对什么都是新鲜的。他好奇地打量着这个强大的国家，对未来的求学生涯充满期待。然而理想与现实总是有着一道不可逾越的鸿沟，随着见识的增多以及阅历的丰富，这种期待很快就转化成了愤怒。

从入学开始，因为其国籍身份，他受到了同学们的排挤。许多英国同学对西沃萨古尔·拉姆古兰这样的来自英国殖民地的学生根本瞧不上眼，即使他们当中有一部分人的家庭条件逊于拉姆古兰家。同学们的态度让在毛里求斯一直过得顺风顺水的西沃萨古尔·拉姆古兰很不好受。这一个打击对于拉姆古兰来说算是人生的一个转折点，社会的现实把他来之前所有的幻想全部击碎了。学校的英国本地人总觉得自己高人一等，因为他们的国家有财富还有强大的军事实力，而拉姆古兰则来自一个小小的殖民统治地，生活当然和英国有着天壤之别。所以他们总是无穷无尽地嘲笑着拉姆古兰。无论是生活还是学业，拉姆古兰都受到了无休止的嘲讽。一时之间，拉姆古兰开始改变了，他变得沉默，因为没有人会愿意与他一起讨论问题。同样拉姆古兰也变得懒散了，因为他的努力别人都看不到，也根本不会在乎。老师和这些嘲讽他的同学一样，喜欢在课堂上教育这位来自殖民地的小家伙，即使拉姆古兰做得很好，他的考试成绩比学校的其他学生都优秀，人们也不会认为这是拉姆古兰的真正成绩，反而会怀疑这是他抄袭的结果。

殖民者的优越感和对殖民地青年的歧视，使拉姆古兰开始反思自己的过去。他开始重新思考自己的未来。曾经很长一段时间，里拉姆古兰都对自己的生活很是迷茫，他不知道自己将来该怎么办。在毛里求斯，一直顺风顺水的西沃萨古尔·拉姆古兰开始怀疑自己所做的一切是否值得了。令他感到困惑的不仅仅是来自其他同学的冷漠，当西沃萨古尔·拉姆古兰走出校门与社会接触时，就连到街上购买学习和生活用品时都会看到，白皮肤的英国人总是在轻视黄皮肤的亚洲人和黑皮肤的非洲人，仿佛一个简单的肤色都能成为评判人三六九等的标杆，西沃萨古尔·拉姆古兰对有色人种的遭遇感同身受。

尽管愤怒，但良好的家教以及素养并没有让拉姆古兰失去理智。他明白英国人会有这样的态度都是因为毛里求斯落后，不如英国先进。一直在英国统治下，连独立都做不到的国家怎么可能会获得平等，不被歧视呢？他清楚地认识到，只有毛里求斯强大起来，自立起来，才能赢得尊重。意识到这一点后，自觉势单力薄的拉姆古兰结识了许多来英国留学的非洲学生，知道他们和自己一样也被冷漠对待。西沃萨古尔·拉姆古兰在心中发誓，他一定会尽自己所能，让毛里求斯脱离英国的控制，获得独立！

当然，在残酷的现实面前西沃萨古尔·拉姆古兰也并没有忘记自己来到英国的初衷，而且这与为祖国赢得独立并不冲突。他在英国取得的成绩越优秀，回国后在毛里求斯获得的话语权就越大。他下定决心要奋发图强，在学校举行的多场考试和竞赛中，西沃萨古尔·拉姆古兰都表现异常优秀，他的才华也渐渐地得到了众人的欣赏和应有的尊重。这样的奋斗建立的信心也更加坚定了西沃萨古尔·拉姆古兰为祖国的独立事业奋斗的决心。他认识到，国家和个人的遭遇是息息相关的，国家富强起来，这个国家的人民也才会得到别国的尊重。

在这之后，最终西沃萨古尔·拉姆古兰以优异的成绩从伦敦大学经济学院顺利毕业。通过在伦敦大学的学习，他接触到了更先进、更民主的思想。他终于深刻地的认识到了自己祖国不应该被禁锢笼罩在英国的统治下，祖国的人民不应该因肤色和种族被歧视。

带着振兴祖国的想法，西沃萨古尔·拉姆古兰回到了家乡。祖国的人们自然对这位留学归来的精英无比欢迎。在他们看来，西沃萨古尔·拉姆古兰能够在满是俊杰的伦敦大学里拼出一番天地来，这充分说明了他的优秀才华。即使是身为毛里求斯政府要员的叔叔，也对侄子充满了溢美之词。他的叔叔在得知了侄子要为毛里求斯的独立而奋斗时，很是欣慰，就给侄子介绍了印度的“圣雄”甘地在印度所发起的一系列非暴力的独立运动。西沃萨古尔·拉姆古兰在深入了解了甘地的事迹和印度的民族解放运动后，深受启发。出任印度国民大会党主席后，“圣雄”甘地多次发动反英运动，号召印度百姓团结反英，提倡手工纺织和穿用土布来抵制英国的机织布，主张社会改良和道德复兴，提高贱民阶层的地位，提倡简朴的生活方式。西沃萨古尔·拉姆古兰认为这些思想和做法对于现在的毛里求斯来说都是值得借鉴的。

## 02 “民族之父”

结合“圣雄”甘地的独立思想以及毛里求斯的实际国情，西沃萨古尔·拉姆古兰制定了一套较为符合毛里求斯实际、具有毛里求斯特色的追求民族独立的方针。他推崇生活简朴，不沉迷享受；鼓励大家辛勤劳作，自给自足；反对种族歧视，旗帜鲜明地坚决支持亚洲和非洲国家的民族独立运动；提倡国民使用国货，对英国的产品不再争先恐后地追求；时常向民众宣传独立思想，告诉他们只有获得独立才能在毛里求斯当家作主。这一系列的举措产生的震动也是非常大的，毛里求斯人民的民族意识觉醒了，而英国政府也第一次感受到了来自毛里求斯人民对其殖民统治的威胁。

随后，英属殖民地的印度和斯里兰卡相继取得独立。这一切对一心希望争取民族独立的西沃萨古尔·拉姆古兰而言备受鼓舞，毛里求斯的人民也从中看到了国家脱离英国控制的希望，同时在距离毛里求斯不远的非洲大陆上每个殖民地国家都在进行着如火如荼的独立运动。此时的英国自然是不希望毛里求斯独立的，但英国政府也非常清楚自二战后因战争损失惨重的英国，属于“日不落帝国”的辉煌已经成为过去。在全球范围内，英属各殖民地本土人民的不断的斗争中，英国心有余而力不足，无力同时控制如此多的殖民地。毛里求斯获得独立只是时间问题。

1959年，英国首相哈罗德·麦克米伦在伦敦进行了著名的演讲“改革之风吹在非洲”。从这次演讲中，拉姆古兰敏锐地察觉到了英国对于其殖民地控制的力不从心。他认识到毛里求斯应该趁英国还没有从第二次世界大战中恢复时取得独立，而且在国际上，与毛里求斯处境相同的殖民地国家的人民也在寻求独立，再不会有比这时更合适的机会了，必须紧紧把握。此后，拉姆古兰在毛里求斯的政府内不断地举行活动，力求扩大自己的话语权，从而能更好地推行自己的主张。在他的不懈努力下，两年后，西沃萨古尔·拉姆古兰成功担任英属殖民地毛里求斯政府的首席部长。此时权力在手的西沃萨古尔·拉姆古兰就更加大胆地实施着自己的一切抱负。

为了能够集合同自己一样为国家的独立奔走效劳的志同道合者，1936年2月23日，西沃萨古尔·拉姆古兰组建了毛里求斯工党，成员大多为印度人后裔。毛里求斯工党是毛里求斯第一个政党，独立后长期单独执政，对内主张为工人阶级和小农服务，发展民族经济；对外奉行不结盟政策，主张与东西方国家都发展关系，主张建立印度洋和平区。在他的带领下，毛里求斯工党党员不断地发起独立运动。1937年，毛里求斯工党领导制糖业工人大罢工。此后毛里求斯工党也在一次次地开展活动，其组织不断发展，其影响不断扩大壮大，形成了连英国政府都不敢小觑的势力规模。

为了安抚毛里求斯工党，也为了让自己的统治能够争取苟延残喘的时间，1948年，英国实施了毛里求斯新宪法，规定立法会议34名成员中19名由选举产生，并降低选举资格。毛里求斯工党在立法会议选举成员中获得了多数。1959年，毛里求斯举行第一次普选，毛里求斯工党获胜。

比起采用武力反抗英国，西沃萨古尔·拉姆古兰更希望能与英国和平谈判。比起一些极端仇视英国的左翼派，身为温和改良主义者的他清楚地认识到，英国统治毛里求斯的时间太过漫长，对毛里求斯的渗透也已经涉及了社会的方方面面，要想完全摆脱英国的控制，与英国彻底划清界限是非常艰难的。而且英国毕竟是老牌资本主义强国，即使因为两次世界大战而有所损耗，但是底蕴还在。毛里求斯应该趁英国自顾不暇的时候抓住机会，趁势独立，不然等英国从战争中恢复过来，毛里求斯想要独立就更是难上加难。更何况此时的毛里求斯也没有足够的实力去与英国产生武装冲突，这时候与英国对立并非明智之举。在这一系列思考的过程中，从小温文尔雅的西沃萨古尔·拉姆古兰的性格就尽显无余了。家庭生活富足且从小家教良好的拉姆古兰并没有想到通过革命武装斗争的方式来同英国抗衡，但是想要为自己祖国争取独立的伟大理想却是不可动摇的。

而西沃萨古尔·拉姆古兰所提出的和平谈判也是英国所需要的。接下来就是双方漫长而曲折的谈判了。拉姆古兰深知英国现在在诸多问题中都已力不从心，从之前完全强势的地位到现在只剩下表面风光。抓住英国这一心理的拉姆古兰努力发挥自己的演讲才能，与英国政府进行了长达几年的艰难斡旋。

1961年，在伦敦举行毛里求斯制宪会议，英国决定除了香港、直布罗陀和福克兰群岛，放弃其所有殖民地。英国同意毛里求斯分两阶段实行自治，第一阶段立法会议中多数党领袖出任首席部长，第二阶段行政会议改为部长会议，首席部长改称总理，毛里求斯工党领导人拉姆古兰任自治政府首席部长。

1965年英国女王亲自授予毛里求斯工党领袖西沃萨古尔·拉姆古兰毛里求斯工党领袖“爵士”荣誉称号并亲自接见。但是西沃萨古尔·拉姆古兰心如明镜，并没有因为被授予爵士这个名号就忘记了自己最初的理想。

终于，在1968年3月12日，毛里求斯宣布独立，为英联邦成员国。至此，长达数百年的被殖民的历史结束了，毛里求斯的人民也终于可以抬头挺胸地做自己国家的主人了。独立的消息一经曝出，整个毛里求斯陷入了欢乐的海洋，质朴的人民都走出家门奔走相告，传达喜讯，而西沃萨古尔·拉姆古兰也因为在毛里求斯独立运动中所作出的突出贡献被推举为毛里求斯首任总理。

毛里求斯的民族独立运动相对于其他国家死伤惨重的武装暴动而言是平和的，这是毛里求斯人民多年来百折不挠斗争的结果，也是西沃萨古尔·拉姆古兰所期望的完美结局。而主要领导西沃萨古尔·拉姆古兰及其众多支持者的坚定立场和坚决态度也是功不可没。西沃萨古尔·拉姆古兰一直面临英国方面的压力，却从未忘记为祖国争取利益的行为更是让毛里求斯人民敬佩不已。由于他的不断努力，尽可能地避免了更多的流血牺牲，他对毛里求斯和人民的贡献无愧于毛里求斯"民族之父"的荣耀。

## 03 / 国家奠基者

毛里求斯成功获得独立后，拉姆古兰看到其他曾经的英属殖民地国家在独立以后所爆发的尖锐的民族矛盾，深深引以为戒。他认为毛里求斯应该实行各民族平等的政策，坚决维护各个民族的团结和睦与和谐共处，尊重每个民族的文化传统，推行文化多元化政策。时至今日，毛里求斯都对外坚决奉行中立、不结盟和全方位的外交政策，坚持外交为经济建设服务，主张与所有国家发展友好关系，积极参与地区合作和南南合作，重视发展同东部和南部非洲国家、毛里求斯人口来源国和印度洋沿岸国家的关系。

历史的事实证明，拉姆古兰总理的推行的独立的对外方针策略和国内政策是行之有效的，在很长一段时间内政局都非常稳定。除了民族政策，拉姆古兰总理还在毛里求斯主持施行了一系列利国利民的福利政策。他认为毛里求斯的公民有权享受免费医疗、免费教育、米面价格补贴和失业补贴。

在这些政策得到实施后，毛里求斯的经济总量迅速增长起来，发生了翻天覆地的变化。看到如今繁华的毛里求斯谁能想到在1505年时这里还是一片不毛之地？即便放眼当今世界，毛里求斯的发展也是一部民族的励志史。自独立以来，毛里求斯取得了显著的经济成就，是非洲人均收入最高的国家之一。这些成就都与毛里求斯稳定的宏观经济和政局基础、高效的管理、透明的监管以及发达的金融体系密不可分。在面临外部经济冲击、《多种纤维协定》退出以及欧盟食糖价格急剧下跌的情况下，毛里求斯政府推出广泛改革，包括贸易和投资自由化、价格控制、减少税收和巩固财政。这些改革措施提升了人均收入的增速，减少了财政赤字，带来不断增长的外商直接投资。像其他新兴经济体一样，毛里求斯也受目前全球经济萎靡冲击的影响，特别是纺织品行业和旅游行业，政府也及时发展全面的政策应对危机，包括一揽子财政刺激计划和宽松的货币政策。

1972 年，毛里求斯与中国建立了外交关系。刚建立外交关系，毛里求斯便与中国签订了一系列合作协议，力求两个国家能够互利共赢，共同进步。自建交以来，毛里求斯一贯奉行一个中国政策，与中国一直有着长期良好的外交关系和传统友谊。两国政府的经济合作有一系列国际条约和机制的保障，两国之间签有经济技术合作协定、避免双重征税协定、关于相互促进和保护投资协定、劳务合作协定、文化协定、体育协定等,并成立经济技术和贸易合作混合委员会。近年来，双边高层往来和互访频繁。

1983 年至 1985 年，拉姆古兰出任毛里求斯历史上最后一任总督，尽管此时的拉姆古兰总理因年事已高还有身体状况不佳而难以在政府中发挥以前那么大的作用，但他自己本身的存在就足以安抚民心了。1985 年 12 月 15 日，拉姆古兰像往常一样来到办公室办公，在他准备起身整理文件时，突然心里一阵绞痛，不幸病发，在工作岗位上离开人世。

为了缅怀他为毛里求斯的独立和富强所作出的重要贡献，毛里求斯政府决定国家的主要国际机场以他的名字命名——称为“西沃萨古尔·拉姆古兰爵士国际机场”，货币上也印有西沃萨古尔·拉姆古兰总理的头像。

拉姆古兰是毛里求斯独立事业的领导者，他始终站在先人的角度，给毛里求斯创造了新的春天。对于毛里求斯来说，拉姆古兰就是毛里求斯的开创者，国家的缔造者，毛里求斯对于拉姆古兰来说是他生命的一部分。拉姆古兰总是说，要是没有毛里求斯这样的生活背景，他也许不会这么努力，也不会成为毛里求斯的统治者，当然也不会和毛里求斯人民同甘共苦，共同努力。但也正是由于毛里求斯的社会动荡，局势不安，才激发了拉姆古兰的爱国情怀。他始终相信，只要他不断地努力，全国人民不断地努力，毛里求斯也会像很多亚洲非洲国家一样，获得民族独立和民族解放。

一茶一路

Chapter 02

# 毛中友好的推动者

## ——保罗·雷蒙·贝朗热

保罗·雷蒙·贝朗热（1945—），毛里求斯著名政治家。印度裔毛里求斯人，出生于毛里求斯群岛一个普通的乡村家庭。贝朗热于1969年创建毛里求斯战斗运动党（也称战斗党），1982年起先后任财政部部长、外交部部长、副总理兼外交和国际贸易部部长，2003年9月至2006年7月任总理。贝朗热曾于1988年和1993年访华，2005年作为总理对中国进行正式访问。他为毛里求斯的国家独立和社会经济发展，和中毛两国友好关系作出了杰出贡献。

## 01 特立独行的少年

保罗·雷蒙·贝朗热出生于1945年。在很小的时候，贝朗热就表现出了超越同龄人的成熟与理智。在一个本该无忧无虑玩耍的年纪，他便树立了远大的目标。为了早日达到自己心中的梦想，他读书学习异常刻苦。

在保罗·雷蒙·贝朗热还是个孩子的时候，他父亲就常常给他讲述祖国悲惨的历史。小贝朗热听着这一个个像是童话故事却真实发生过的历史，心里默默地种下了爱国的种子。自己国家的悲惨遭遇深深刺痛了小贝朗热的心灵，让他从此怀揣了报效祖国的伟大抱负。

时光飞逝，小贝朗热在学校一直努力地学习着。有一次，学校组织了一场辩论会，主题竟然是毛里求斯的宗主国，在英国和法国间更应选择谁。这一本身就是一个带有屈辱性的辩论主题，让小贝朗热怒不可遏，义愤填膺。于是在辩论中，小贝朗热的情绪不能自已，慷慨激昂地进行了一场个人演讲。

他认为刚才所辩论的一切，都是不值得进行辩论的。因为这个观点，从根本上就是错误的，就是不符合正义的！一个国家想要在国际上获取地位，都只能依靠自己的力量，而不是一味地依附他国。我们应该做的就是刻苦努力,铭记历史，只有依靠自己，才能走得更远！

小贝朗热刚讲完，台下坐着的同学们立刻给他报以雷鸣般的掌声。确实，小贝朗热的这一席话，说出了在座的多少同学的心声,但是老师非常生气。学校叫来了小贝朗热的家长。当父亲来到学校的时候，老师一副恨铁不成钢的样子一直在数落着小贝朗热的种种"罪状"。父亲在听到这些话的时候出于自身的涵养并没有反驳，而是一直在静静地听着，听到一些可笑的桥段时，甚至还会忍俊不禁地赶紧假装咳嗽一声。小贝朗热自然明白父亲这些动作的含义，所以在老师训斥的过程中，小贝朗热的思绪早已跑到了九霄云外。经过长达几个小时的"思想教育"后，老师也已口干舌燥，于是便就此作罢。出了校门的父子俩，就像什么都没有发生一样，小贝朗热一开始还担心父亲会责备他，此刻他的担心早已烟消云散。父亲给了小贝朗热一个深深的拥抱，亲吻了小家伙的额头并说道："干得好，宝贝，真不愧是我的儿子。"

这件事以后，怀恨在心的老师在各种场合都会排挤小贝朗热，甚至还故意让他在同学面前出丑。但是，小贝朗热自身优异的成绩使得老师也抓不住什么把柄。最后贝朗热还是"栽"在了自己敢想敢说、特立独行的性格上。因为上次在教室公开发表了在老师看来"大逆不道"的言论，小贝朗热在同学中积攒了超高的人气，于是在接下来的学校的各种活动中，他更加毫无顾忌地发表一些学校老师不愿意听到的惊人言论。终于，老师们忍无可忍，在禀告了校长之后，保罗·雷蒙·贝朗热被勒令退学了。

回到家后，心中委屈万分的贝朗热对父亲说："爸爸，我们现在所处的国家真是太糟糕了，我以后一定会让我们的国家和民族独立自主起来！让我们的国民感受到真正的自由！"

## 02 在班戈大学的日子

打开贝朗热的书柜，里面陈列的全是各国的历史和名人传记。这其中不乏拯救国家于危难之中的民族英雄，也有悬壶济世救人性命的盖世神医，抑或是在某一领域精益求精，最后造福全人类的伟大发明家。这些人无一不是经历刀山火海，最后在人类历史发展长河中留下了浓墨重彩的千古画卷。贝朗热对于书柜里的这些书如数家珍，爱不释手，对里面的一些重要的段落几乎都能倒背如流。巨大的阅读量和浓厚的知识底蕴让贝朗热的见识和阅历自然高人一等，也正因为将许多伟大人物的故事熟记于心，所以心中蓄积的热情和力量才会让贝朗热对祖国的现状心神不定。

1969 年，此时的贝朗热并没有因为被勒令退学的经历就放弃了学业。他利用家里的积蓄远赴欧洲，先后在英国和法国留学。这两个曾经殖民过毛里求斯的国度尽管让贝朗热充满了愤慨和仇恨的情感，但并不是一无是处，而且他知道西方列强最起码在文化、经济、政治等各个方面还是处于领先地位的。在这里的学习经历有助于他更好地塑造自己，掌握更多的知识和技能，从而使自己能够更好地投身于建设祖国的事业中。在去学校的路途中，他途经英国国际机场，到达英国威尔士北部的班戈大学。这就是自己将要求学的地方。望着眼前这一座座装修华丽、错落有致的教学楼和办公楼，再一想到自己国家的落后与贫穷，就更加激发了自己想要闯出一番天地的梦想！正如贝朗热从来不会让人失望的一样，在这里，他取得了自己的哲学荣誉学士学位和法语荣誉学士学位。这些对他日后的成长产生了不可磨灭的作用。

当时的贝朗热保持着从小养成的热爱学习的好习惯。当其他人开晚会，办聚餐，大吃大喝，欢歌艳舞，享受大学生活带来的种种快感的时候，他却一如既往地泡在图书馆里捧书深读。有的时候读到忘我时，竟会忘记图书馆的关门时间，从而被锁在里面住一晚上。第二天开门的时候，便只有很简单地洗漱一下继续新一天的学习生活。当别人还在床上睡懒觉时，他已经在操场挥汗如雨地跑完五六圈，背着书包去图书馆学习去了。因为他知道，身体是革命的本钱，如果想要持之以恒的学习更多的知识，那么一个强健的体魄是必不可少的。

班戈大学的校园环境和教学设施自然是不用多说，尤其是校内美丽，就连外面的景色都令人如痴如醉。所以这也是学生们忘记学习、尽情享乐的一个理由。可对于贝朗热来讲，这些都不会使他忘记自己的初衷，他深刻地明白自己来此读书的初衷以及背负的使命是什么。离班戈大学大门不远就是漂亮的教学楼和奢侈的教学设施，另外一大亮点就是从学校就可以看到广袤的大海。所以，这也成为了贝朗热聊以慰藉的一大资源。

经过几年努力艰苦的学习生活，贝朗热最终通过毕业考核，以极其优异的成绩从威尔士班戈大学毕业，并取得了哲学与法语两个荣誉学士学位。这可是很多学子梦寐以求的成就。

在贝朗热求学的过程中，还邂逅过一段美丽动人的安琪，图书馆成了见证两人爱情的地方。这段恋情给了贝朗热很大的力量。每做一件事让他觉得困难想要放弃的时候，这段感情就成为他继续向前的动力。即使过了很多年后，他依然会想起远在英国的那个美丽的姑娘。

## 03 奏响国家的凯歌

1968 年 3 月 12 日毛里求斯宣布独立，实行君主立宪制，并且奉英国女王为国家元首。第二年，即 1969 年 9 月，贝朗热终于等到了机会，他决定创建一个属于毛里求斯人民的、为人民谋利益的政党。他积极联系国内各方人士，共同创建了毛里求斯历史上第一个成熟的政党，激进社会主义联盟——毛里求斯战斗党（也称战斗党）。该党主要由知识分子、青年、穆斯林和印度族人组成，与工会联系密切，主张结社、工会自由和政治民主化。战斗党致力于加强毛不同民族之间的团结，增强发展毛经济活力，提倡社会公正，充分发扬社会民主，与走私、腐败、吸毒等其他犯罪作斗争，倡导并保持环境卫生，维护国家领土完整。在政治上主张多党制，成立总统与总理分权的共和国；改革选举制度，实行新闻、结社、工会自由和政治民主化，保证民族平等和民族团结；在经济上主张建设毛里求斯式的社会主义，对外开放，发展民族经济，对码头、公共交通和部分糖厂实行国有化；在外交上主张不结盟和中立，与各国建立友好关系，反对印度洋军事化，抵制南非种族主义政策，要求归还迪戈加西亚岛，积极参加非盟、不结盟运动和联合国等地区和国际组织。

1970年，战斗党提出“改变现状”的口号，成立全国性工会组织，并于次年组织全国大罢工，贝朗热等120余位领导人被捕，战斗党转入地下工作。1971年，战斗党主要领导人获释，该党恢复活动。1976年战斗党在议会选举中获得30个当选议席和4个官委议席而一跃成为全国第一大党。但因为工党等其他政党结盟而未能组阁。为了争取选民，该党改由印度裔的贾格纳特担任领袖，并同社会党结成竞选联盟，在1982年的议会选举中以绝对优势获得执政地位。贾格纳特担任政府总理，党的总书记贝朗热任财长。

执政后的战斗党内部矛盾凸显，1983年3月，贝朗热率10名内阁部长集体辞职，并宣布战斗党退出政府。贾格纳特遂宣布另组社会主义战斗运动（简称社战党），战斗党分裂。1983年和1987年两次议会选举中战斗党均告败北。

1990年7月，战斗党应社战党的邀请入阁参政。1991年两党联盟在议会选举中获胜。战斗党领袖纳巴布辛格出任副总理兼卫生部长，总书记贝朗热任外长，另有6人任政府部长。

1992年3月，毛里求斯将国家制度改为共和制，开始了新的历史进程。毛里求斯自独立以来,在贝朗热的积极运作下，历届政府均坚持维护民族团结与和睦，并且实行了文化多元化政策，终于保持了政局的长期稳定，为国家的长远发展奠定了基础。后来，毛里求斯相继成立了很多政党，就开始实行多党制，采取工党、社会主义战斗党、战斗党之间轮流执政或联合执政的国家管理执政方式。

1993年10月，战斗党再度分裂为纳巴布辛格派和贝朗热派，两派都自称是战斗党的合法继承人，并诉诸法律。后经法院裁决，贝派被认定为战斗党的合法继承人。同年贝朗热任战斗党领袖。

在此之后贝朗热依然没有闲着，他积极投身各类公益事业，组织了很多公益活动，在毛里求斯拥有了极多的拥护者。不久，回国后，他更是积极投身于各种国内建设活动中，他多次舌战群儒，凭借渊博的知识和超强的口才在毛里求斯政坛上劲露峥嵘，小有成就。

2000 年，社战党与战斗党结成社战联盟，赢得大选。社战党领袖贾格纳特任总理，战斗党领袖保罗·雷蒙·贝朗热任副总理兼财长。在毛里求斯，总理是真正掌握国家权利的人。贝朗热最大程度地发挥自己的能力，在任期内做了很多为今后国家奠基的伟大事业。

2003 年，两党领导人依照结盟协议再一次实现了权力的交接，贝朗热接任了总理，贾格纳特还是任总统。

2005 年 7 月贝朗热卸任总理。如今，已到古稀之年的贝朗热继续活跃在毛里求斯的政治舞台上，继续以其丰富的阅历和知识以及其强大的人格魅力，为毛里求斯的人民做着积极贡献，发挥着他强大的影响，真正地兑现他将其一生奉献给国家和人民的承诺，此等鞠躬尽瘁、死而后已的精神，为人民所景仰，为世界政坛添佳话。

Chapter 03

# 毛里求斯领跑者

## ——阿内罗德·贾格纳特

阿内罗德·贾格纳特（1930—2021），毛里求斯著名政治家，曾任毛里求斯总理、总统。出生于毛里求斯西部帕尔马村的印度教家庭，阿西尔族人。20世纪50年代前往英国深造，取得律师资格。回国后，从事律师职业。1965年参加在伦敦举行的毛独立制宪会议，正式踏入政治领域。随后担任自治政府发展国务部部长、劳工部部长。1971年加入战斗党后任该党主席。1982年在大选中获胜，任联合政府总理。此后，在1983年、1987年、1991年的大选中均获胜，连任总理。2000年，再次出任总理。2003年，出任总统，2008年获得连任，2012年正式向政府递交辞呈并发表辞职宣言。不久又出任政府总理，至2017年1月辞职。

贾格纳特曾于1983年、1991年、2002年先后以总理身份访问中国。他不仅多年担任毛里求斯的总理和总统之职，同时也是岩钉和朗帕河区的议会成员，是一位出色的政治家。

# 01 不一样的人生起点

1930年3月29日，阿内罗德·贾格纳特出生在毛里求斯西部的帕尔马村，是一个风景十分优美的地方。阿内罗德·贾格纳特的一家是阿西尔族人，他从小便在这个传统的印度教家庭中成长。

贾格纳特一直对读书有着深深的向往。因为他发现自己的思维有限，对于自己面对的很多问题，都不能进行合理的解答。问题越积累越多，他感到越来越困惑。于是他便去向自己的父母和身边有学问的大人们请教。一开始他提的问题比较简单，他们都还可以为他解答。但是慢慢地，他提的问题越来越深刻、越来越复杂，大人们也都答不上来。此时贾格纳特感到了前所未有的迷茫。正是在这个时候他的母亲告诉他，只要他进入学校，开始学习知识，能够懂得看书，他就会拥有自己解答问题的能力。因此，从那一天起，他就开始期盼着自己赶快进入学校。

他在帕尔马小学接受了小学教育，在那里度过了他无忧无虑的快乐时光。在学校期间，他是最努力的那一个。上课认真听讲，课后认真解决老师留给大家的问题。不仅如此，他还是所有学生里面最喜欢提问题的那一个。老师们都亲切地称他为“爱问问题的少年”。

贾格纳特顺利地进入了中学，并在摄政学院度过了人生较为重要的几年岁月。在新的学校里面，他喜欢提问题的习惯丝毫没有减弱，但是他开始改变自己提问题的方法。以前他是一有问题就去提问，现在，他更热衷于先把问题写在纸上，然后自己去找书本进行解答，等到真的无能为力的时候，他才会去找老师进行解答。就这样，他不仅提高了自己解决问题的能力，同时通过这样的方法也锻炼了他自己的搜索能力。

离开学校后，贾格纳特在新伊顿公学任教了一段时间，后来在济贫部门当了一名秘书，然后被调到司法部工作了一段时间。1951 年，贾格纳特离开毛里求斯前往英国林肯律师学院学习法律。法律这个专业非常需要一个人有耐力。贾格纳特正是在这里，把自己磨练得非常具有耐心。他总是可以沉得住气。无论每天的学习任务有多难，有多繁重，他依然坚持每天前往图书馆去看一些书籍。他不仅仅观看本专业的相关文献与名人著作，还经常涉猎其他很多专业的知识，包括文化艺术和科学类的知识。因此，他的知识面不断地扩展，对于世界的认知度也一直在提升。

在国外的这段时间里，他会抽空前往不同老师的课堂旁听。在学习的日子里，他不放过任何一个和老师交流思想和学术的机会。英国的学习使他接触并了解了必要的法律知识，在繁多的法律条文中，他看到了自己想要从事的工作。法律的学习虽然枯燥，却成为他心中的动力。更为他在今后的从政之路上，亮起了明灯。

贾格纳特在自己的大学时光里，充实而又有收获地度过了每一天。最后，他以优异的成绩毕业，回到了自己的祖国。贾格纳特，这个来自毛里求斯这样一个偏远小国的年轻人，4年前仅仅背着一个简单的包裹就来到了英国，而现在却即将带着全是知识的大脑回到祖国，开始自己奋斗一生的事业。1955年，他回国在圣路易港开设了律师事务所，并参加了比松多亚尔的毛里求斯独立前进集团。

# 02 执掌权柄的总理

政治这条道路，要想取得更高的成就，那就需要一个人付出更大的努力。贾格纳特无疑是一个有着远大志向的人。他这一生都是要努力去做最好的那一个。改变这个世界一直是他最初的梦想。为了这个梦想，他必须艰苦奋斗，执着信念，不断朝着出现的一切问题发出挑战。在漫漫政坛路上，他成就了自己，也成就了毛里求斯这个美丽小国家的巨大改变。

在国内，他接触了很多生活在底层中的人，在一次济贫活动过程中，贾格纳特看到了因为残疾和食物匮乏而生活艰苦的人们，内心十分难受。他虽然在进行着自己的分内工作，对食物和其他生活物资需要按量分配，但因为发放的物资远远不够需求，他心里很不是滋味，恨不得把自己的衣服和食物也一并发放给贫苦民众。1963 年，他第一次当选国会议员，并成为第 14 选区朗帕河区的独立候选人。任职镇议员的历练让他成长了许多。也正是这段经历让他深得民心，他关心爱护这里的人民，真真切切地为这里的人民谋福利。1964 年，他被选为帕尔马村委员会主席。1965 年，贾格纳特出席了在伦敦召开的关于毛里求斯独立的制宪会议。从 1965 年到 1966 年，他担任政府发展国务部部长，1966 年 11 月，他又接任劳动部部长。这期间，贾格纳特忙于工作，很少能和家人好好坐下来吃一顿午餐。在伦敦出席毛里求斯制宪会议期间，他和同事经常在一起讨论工作中的利弊，他与自己十分相信的秘书讨论部门计划等。

担任公职期间，他克己奉公，秉公执法。这一路在常人看起来似乎顺风顺水，其实充满了考验。他用耐心、真诚和勤勉，做了大量工作。在接近民众的过程中，他不仅体会了一个贫困家庭生活的艰辛，更感觉到自己的幸运。他看到没有经济来源的人们，生活难以为继的困境；他看到了那些上不起学的孩子充满渴盼又无奈的眼神；他感觉到人生的苦难，作为一个公职人员的压力。3 年后，凭借着他的不断努力，贾格纳特担任了地方法官，从此，他在法律方面学习的知识得到了施展。

作为地方法官，一向谨慎公正的贾格纳特变得更加严肃了。每次的开庭和审判都会尽全力做到公正。但是，那些属于过失杀人案件，或者因为冲动而不懂法律犯事的案件，或者是因为从小缺乏父母的爱护长大的少年一失足成千古恨的案件，都让他感到十分的痛心。担任地方法官的3年中，贾格纳特变得更加的成熟了。他的公正严明而又充满人性关怀的判罚得到了上司的赏识、民众的感恩。

1968年，毛里求斯终于从殖民者手中得到了解脱，恢复了自己的“自由身”，成了一个具有本民族民主权利的民族，建立起一个独立的国家。贾格纳特经历了国家由殖民者控制到获得独立的过程，他十分清楚国家取得独立的可贵和必要性。由于毛里求斯民族众多，所以，在国家重新恢复了独立之后，每一届的国家执政者都用心维护着国家各民族之间的关系，以期实现各民族的大发展、大繁荣。领导人都知道，只有各民族之间矛盾减少了，关系平稳了，国家才能向着更平稳的方向去发展。

1969年，他被提升为皇冠律师事务所的一员。两年之后，他被任命为高级律师。在20世纪70年代初，贾格纳特加入了毛里求斯战斗运动。1982年，贾格纳特代表战斗党赢得了选举，成为国家的执政党。贾格纳特在大选中获胜，成为战斗党领袖，即毛里求斯总统。

领军人物的出现不仅为毛里求斯在政治上指明了前行的方向，同时也带给民众无限的希望和信心，让他们知道国家的力量是强大的，在他们身后始终是有人作为他们坚强的后盾的。从贾格纳特担任总理的第一次任期开始（1982 年 6 月与社会党联盟在大选中获胜，出任联合政府总理），他就表达了他对建立一个国家的期望。他希望国家能够建立强有力的经济，与其他国家建立广泛而深刻的经济关系，尤其是在有经济基础的、以创造技术为基础的一些项目上。这些设想即使是在今天看来也是极其先进和富有创造力的。就今天而言，合作的重要性都是不言而喻的，何况还是在当时，能够意识到要与别人合作以达到共同发展无疑是极其先进的。更何况对于贾格纳特这些设想不是空谈，他努力将其所说的那些对未来的憧憬变成了现实。经济的发展带动了政治的稳定、民族的团结、外交的发展。因此，贾格纳特被毛里求斯人民誉为毛里求斯的“经济奇迹”。再加上上世纪 80 年代的一系列政策，如免税贸易区的振兴和一些轻工业生产基地的建立，都有效地促进了毛里求斯发展。其中，作为轻工业中一个领先的生产领域——纺织品，率先收到成效。于是，在这一系列政策的引导下，海岛地区的发展成为全国经济的支柱，为全国经济作出了贡献。

1983年对于贾格纳特来说，似乎是幸运的一年，他不仅成为枢密院的一名成员，而且第二次当选了总理。然而，贾格纳特组建的新政党——战斗运动党，在立法议会中并没有占据多数席位，贾格纳特必须在6月解散议会。新选举定于1983年8月进行。在1983年8月23日举行的大选中，贾格纳特再次当选为总理。接着他又在1987和1991年的两次大选中获胜，连任总理。在2000年的时候，他再次当选总理，任职至2003年。

在毛里求斯1987年的选举中，贾格纳特第三次当选总理。但因1983年选举之后的几年，党内发生了无休止的斗争，政府高级别官员贪污腐败现象严重，欺诈和毒品贩运方面的丑闻也层出不穷。在上任几个月后，执政联盟内部开始了一个分裂的过程。1984年2月，毛里求斯工党离开政府时，其11名议员继续支持政府。1986年11月经议会批准，贾格纳特也同意进行选举。议会于7月3日解散，选举日期定于1987年

8 月 30 日，比预先规定提前了一年。各政党、派别的宣传造势等工作于 1987 年 7 月 22 日开始，选举竞争十分激烈，但与过去的情况相比，其怨恨和公开的敌意较少，没有发生严重暴力事件。

这次选举中，贾格纳特所在的社会主义战斗党从印度教社区获得了主要支持，共赢得 49.86% 的选票和 39 个席位。这一次大选的结果进一步推动了改革的要求。贾格纳特再次在议会选举中获得多数选票，当选为总理，并开始其作为总理的第三任期。

在 1988 年，贾格纳特被英国女王伊丽莎白二世封为爵士。那时，毛里求斯还只是一个英联邦王国，而女王也是名义上的国家元首。因此，贾格纳特还是用他的正式头衔贾格纳特爵士，这也是枢密院曾经所使用的前缀。

# 03 从总理到总统

1991年8月6日，贾格纳特解散了国民议会，并宣布将于9月15日举行大选。贾格纳特领导了他的毛里求斯战斗运动党与毛里求斯工党和毛里求斯社会民主党组成了联盟。在宣布选举日期之前，联盟已经拟订了20个选区的候选人名单，并公布了其选举宣言。反对派通过关于候选人和宣言的漫长谈判，错失了宝贵机会。反对派并没有提供给选民新的愿景和政策主张，与政府已经提出的政策大致相同。这次大选，约25个党派和一些独立人士参加，议员候选人人数达到了331名。根据官方数字，在此次选举中，682000名选民（占总数1083000人的63%）有权投票，其中约576300人参与了选举（84.5%），选民的参选人数代表了选民对于此次选举的积极态度。可以看出，此次的投票人数达到了最低投票人数比重的要求。政府联盟以56.3%的支持率获得了议会中的57个席位，而反对党只得到了39.9%的支持率，在议会中只获得了3个席位。比1987年出现的差距更为显著，反对派的表现没有得到大多数选民的支持。

当总理贾格纳特对一个需要修正宪法的语言问题失去了选民的支持时，于 1995 年 11 月 16 日先解散了议会，并于同年 12 月 20 日再次举行大选。选举候选人必须在 12 月 4 日前完成提名，并于 12 月 5 日正式拉开序幕。这次的大选，结果由反对派的胜利结束了贾格纳特在毛里求斯作为总理的任期。

只有 4 个席位被分配到具有极小影响力的小党。绝大多数的克里奥尔人和穆斯林投票支持工党和毛里求斯战斗党联盟，而印度教选民在两个对立的政治阵营之间分裂。除了选民个人喜好和竞选人的魅力外，导致此种情况的原因是，尽管选民承认在贾格纳特政府领导下，取得了经济进步，但他们显然想要更多的改变。1998 年 4 月，贾格纳特在第 9 区举行的补选中当选为候选人，但最终被击败。他立即提出了一个毛里求斯社会民主党和毛里求斯战斗党联合会的想法，该联合会最终于 1999 年 1 月成立。然而，在 1999 年 9 月 19 日举行的补选中，该联盟在其候选人失败后便解散了。

贾格纳特与毛里求斯战斗党的领导者保罗·贝朗热于 2000 年 8 月 14 日在平等分享权力的基础上成立了社会主义战

斗党—战斗运动党联盟。在同年 9 月 11 日举行的大选中，贾格纳特作为第 7 选区的第一位候选人当选，并被任命为总理。

在 21 世纪第一个 8 月 15 日的时候，贾格纳特和保罗 · 贝朗热代表两个政党和来自较小党派的其他领导人签署了他们所谓的“历史选举协议”。这项协议最突出的一个方面是：建议毛里求斯社会民主党领导人贾格纳特爵士和毛里求斯战斗党的领导人保罗 · 贝朗热分享总理职位。根据这一安排，贾格纳特将担任前 3 年的总理职位，剩余后两年由贝朗热担任。在将总理职务交给贝朗热后，贾格纳特应该在改革后担任共和国总统，在毛里求斯，总统的职位在很大程度上是一个象征性的职位。社战党—战斗党联盟认为，关于总统和总理权力的这项改革是必要的，因为总理在毛里求斯拥有太多的权力，包括解散议会和要求重新选举的权力。拉姆古兰于 2000 年 8 月 10 日解散议会，并在同一天发出选举令，确定了 2000 年 8 月 26 日为提名日和 2000 年 9 月 11 日为投票日。协议还规定改革选举制度，逐步以比例代表制取代“最佳失败者制度”，并结束毛里求斯广播公司对电子媒体的垄断。所以，此次选举于 2000 年 9 月 11 日举行，记录共有 80.87% 的选民投了票。社战党—战斗党联盟在选举中取得了此次选举的胜利，获得了 54 个直接选举的议会席位。

2003 年 10 月 7 日，在卡尔·奥夫曼总统辞职后，贾格纳特宣誓就任毛里求斯国家总统一职。贾格纳特在上任后，创造了一个历史性的政治局面。在他强有力的领导下，他所在的政党联盟，连续 5 次赢得了议会的选举。除此之外，他所在的政党联盟还赢得了 7 次大选。贾格纳特作为领袖，他的执政能力和智慧是有目共睹的。他是毛里求斯唯一一个既在国家部门担任过要职，又在全国各个阶层拥有民众广泛支持的人物。

2003 年，他将战斗党的领导人职位交给他的儿子普拉温德·贾格纳特，并宣布他“已经到了这条路的尽头”，因为他已经担任过全国最高领导人的职位了。在他的第一任总统任职期间，由于宪法的制约，他不得不解散议会宣布重新大选。对于总统和总理权力的改革，使得一些在时代进步面前不合理的制度得到了更新和改善。时任总理的纳文钱德拉·拉姆古兰称贾格纳特仍然渴望权力。这么说也是有道理的，因为贾格纳特之后并没有完全地离开政治舞台，而是仍然活跃在国家的重要机构当中，影响着国家的许多重大事务。尽管阿内罗德爵士和贾格纳特夫人于2003年10月7日接过了雷图酒庄的钥匙，表面上似乎对政治、对权力已不在意，但他仍被认为是可以开启毛里求斯政治新时代的领导人。保罗·贝朗热成为总理，也开创了另一项先河，他是非印度教的第一个政府首脑。

2005年，75岁的贾格纳特遭受了政治上最大的耻辱之一：拉姆古兰赢得选举，担任政府总理。社会联盟要求总理和所有部长在被任命的国会大厦前进行会面仪式。当拉姆古兰注意到贾格纳特要走过来与他握手时，拉姆古兰拒绝了。2010年5月，当社会主义战斗党与工党联手时，报纸上发布了贾格纳特接受新闻采访的一个谈话，表示他从不喜欢毛里求斯战斗党，并且他们从来没有追求共同发展的意图，而只是为了力量而结盟。他提到保罗·贝朗热不应该被信任，而拉姆古兰将是一个更好的合作对象。就像人们经常说的：在政治中，没有永远的朋友，只有永远的利益。贾格纳特的社会主义战斗党和拉姆古兰领导的工党结盟，成立了社战党—工党联盟。最终，贾格纳特获得社会民主党的支持，他们的联盟赢得了

41 个议会席位。

在 2007 年的时候，贾格纳特威胁要离开英联邦，以抗议英国对查戈斯群岛人民的“野蛮”待遇。查戈斯群岛曾是印度洋中英国的一块殖民地。在 20 世纪 60 年代时，查戈斯群岛被租给美国，并在岛上建立了军事基地。美国基地建在查戈斯群岛内的迭戈加西亚大岛上。毛里求斯政府说他们不能回来，因为他们已获得英国公民身份，所以查戈斯居民被迫离开。毛里求斯称这些岛屿是其领土的一部分，而贾格纳特声称他的国家被英国人强迫接受查戈斯人作为独立的条件。

在 5 年任期后，贾格纳特的第二总统任期是 2008 年到 2012 年。随着贾格纳特爵士的任期结束，副总统安吉迪 · 切蒂亚尔和他本人都被推选为总统提名人。在 2008 年 9 月 19 日，贾格纳特由国民议会投票，重新当选，在政府和反对派的支持下，贾格纳特再一次被任命为总统。

在 2010 年，贾格纳特 80 岁生日的两天后，社会主义战斗党与社会民主党结成联盟。纳文钱德拉 · 拉姆古兰解散议会，进行大选。无独有偶，社战党—社民党联盟赢得了选举，社会主义战斗党重新获得了 13 个议席。然而，2011 年 8 月，因为政治主张和利益不同，联盟合作关系破裂。社会主义战斗党离开了政府，只剩下极少数的议员支持总理。最后，由于与政府的成员保罗·贝朗热产生了政治上的分歧，已经步入老年的贾格纳特，无力说服政府部门的其他成员，只能于2012年3月30日辞去总统职务。其实许多人都认为，他与政府的分歧是源自之前因为他的儿子被指控腐败，而政府拒绝帮助他的儿子逃避法律制裁。但是他矢口否认自己的护短行为，并向外界宣布，他辞职仅仅是因为他不同意政府成员的有关意见。

2012年，他辞去总统职务后不久，保罗·贝朗热提出了一个“重制”社战党—战斗党联盟的提议，此项提议由双方政治局和中央委员会统一批准。贾格纳特成为符合条件的联盟领导者。不仅如此，随之他担任总理职务3年，最后辞职，为保罗·贝朗热的大选让路。

在2013年和2014年初，社会主义战斗党和战斗运动党在双方内部危机之后，贝朗热宣布需要两个“冷静期”，以便有充足的时间解决这些问题。2014年1月，贝朗热和贾格纳特对普拉温德·贾格纳特在社战党—战斗党联盟政府中的最终位置，一直存有重大分歧。虽然毛里求斯战斗运动党希望礼萨乌蒂姆继贾格纳特和贝朗热之后，成为政府的第三任关键人物，与此同时，社会主义战斗党强调，这个职位应该给普拉温德，但贝朗热不同意普拉温德·贾格纳特律师的法律策略，要求对他之前的丑闻提出起诉。

贝朗热在 2014 年 4 月宣布社战党—战斗党联盟结束合作。这项决定并没有得到大多数人的支持，贝朗热也因此项决定受到了很多政府人员的批评。贝朗热这一具有颠覆性的举动与他之前在贾格纳特生日聚会上的举动和纳文钱德拉·拉姆古兰见面时的言辞极度不符。议员因为他的巨大转变而对他产生了一定的负面情绪。贝朗热在参加贾格纳特的生日聚会时，就他的政治生涯作了一个非常讨人喜欢的演讲。聚会结束后，同一天晚上，贝朗热在附近的一家餐厅见到纳文钱德拉·拉姆古兰，他们还坐在一起，共同讨论了有关共同联盟的事情。贝朗热在此刻选择了纳文钱德拉·拉姆古兰，他进一步宣布了他的战斗党和拉姆古兰的劳动党之间的联盟。

2016 年 9 月 12 日，贾格纳特因为年事已高辞去总理。2017 年 1 月 23 日，正式辞去了总理一职。这位毛里求斯美丽国土上的伟大人物一生经历过的那些犹疑和彷徨，同时又拥有着那些过人的胆识与谋略，才使得他能够走上的道路。他从未想过要放弃，从未想过要终止自己的梦想，而是敢于去面对现实，而不管它是多么残酷与惨烈。

Chapter 04

# 博学多才的领导者

## ——纳文钱德拉·拉姆古兰

纳文钱德拉·拉姆古兰（1947—），是毛里求斯已故首任总理西沃萨古尔·拉姆古兰之子。拉姆古兰早期在爱尔兰和英国学习医学和法律，曾长期在毛里求斯和英国行医，后来从政。1991年6月，出任毛里求斯工党领袖，9月当选议员，出任反对党领袖。1995年12月，他领导工党—战斗党联盟赢得议会选举，出任政府总理，成为毛里求斯历史上最年轻的总理。2000年10月，再度担任议会反对党领袖。2005年，拉姆古兰领导社会联盟选举，出任总理兼国防和内政、文职和行政改革、罗德里格斯岛和外部岛屿部部长。1997年，拉姆古兰曾访问中国；2006年，出席中非合作论坛北京峰会，为中毛友谊和合作发展作出了重大贡献。

## 01 命运天使的降临

当谈到毛里求斯人的梦，所有的毛里求斯人都会记住一个人的名字，西沃萨古尔·拉姆古兰。西沃萨古尔·拉姆古兰作为毛里求斯的第一位总理，每天大大小小的事情着实令他应接不暇。在妻子怀孕期间，他每天都带着妻子一起晚上出来看看毛里求斯的夜空，那是他一天中最为放松的时刻。

1947年7月14日的夜晚，西沃萨古尔·拉姆古兰的妻子生下了他们的孩子纳文钱德拉·拉姆古兰。纳文钱德拉·拉姆古兰从小生活在父亲的身边。父亲一生为国家无私奉献总让纳文钱德拉·拉姆古兰有非常强烈的自豪感。虽然他的父亲很忙，每天都要处理着各种的工作，但是他的父亲却也非常地爱着他的妻子和孩子，即使再忙都会回到家中去陪伴自己最爱的人。纳文钱德拉·拉姆古兰深深地崇拜着父亲。有时候父亲待在书房处理公务，纳文钱德拉·拉姆古兰就喜欢在一旁静静地看书、写字。父亲闲暇时，就会拿着报纸教纳文钱德拉·拉姆古兰认字。

当纳文钱德拉·拉姆古兰慢慢长大，父亲的身体因为每天过于疲惫而日益变差。看着父亲因为劳累而生病，纳文钱德拉·拉姆古兰很是担心。他下定了决心要做一个医生，多方面地涉猎各种医学知识，补充自己的各方面能力，学成之后像母亲一样悉心照料父亲，让父亲一直身体健康，也能够帮母亲分担照顾父亲的事情，这样父亲就能永远陪着他和母亲了。1960 年纳文钱德拉 · 拉姆古兰郑重地向他的父母提出了他要去学习医学的志向。当然，父亲和母亲也很支持他的决定，并鼓励他一定要努力学习，必定在以后有一个非凡的人生。就这样，纳文钱德拉 • 拉姆古兰告别了他深爱的父亲与母亲，独自一人去了爱尔兰皇家学院学习。

爱尔兰的天气美丽极了，碧蓝的天际，淳朴的民风，深深吸引着拉姆古兰。为了不辜负父母的期盼和自己的梦想，纳文钱德拉 · 拉姆古兰在这里努力认真地学习，在这里获得了皇家内外科医学院的执照。在接下来的几年中，他继续努力深造，获得了爱尔兰皇家医师学院的硕士学位。在此期间，为了更好地充实自己的医学临床经验，纳文钱德拉 · 拉姆古兰在医院中也积极地学习一些平时课堂中学习不到的临床知识，获得了丰富的经验。

## 02 国家梦想的延续

在纳文钱德拉·拉姆古兰的印象中，他一直深深地对父亲的高大形象有着不可言语的崇敬之意。自他很小的时候他就知道他的父亲一直致力于国事，为了毛里求斯的繁荣富强而呕心沥血，一直忙忙碌碌地为国家的政务而操心劳碌。

纳文钱德拉·拉姆古兰作为西沃萨古尔·拉姆古兰的儿子，从小就被所有人寄予了很高的期望。他的父亲总是在和自己闲聊的时候谈到自己的国家，谈到自己为国家而做出的一切努力。他一直希望自己能够有充足的时间去为毛里求斯的未来而奋斗。也正是因为有了父亲的影响，纳文钱德拉·拉姆古兰深深地认识到了国家强大的作用，也慢慢地使得纳文钱德拉·拉姆古兰在政治的道路上做了非常坚实的铺垫。天有不测风云。纳文钱德拉·拉姆古兰的父亲还是因为自己的身体在工作的时候永远地离开了他深爱着的国家，离开了他一直挚爱的孩子。在西沃萨古尔·拉姆古兰不幸病逝之后，纳文钱德拉·拉姆古兰为了完成父亲的遗志，挑起了自己的父亲西沃萨古尔曾经挑过的担子，并立志将毛里求斯建设得更美好。纳文钱德拉·拉姆古兰非常感谢他的父亲在工作中对他的教育，这也使得他在政治的道路上深知该如何做好每一件事。1991年，纳文钱德拉·拉姆古兰担任毛里求斯的工党领导人。这个职位他的父亲也曾担任。这更给了他无限的激情与动力。

纳文钱德拉·拉姆古兰永远都记得，年幼时，父亲带着他一起外出视察。他们走遍毛里求斯的每一个角落。父亲西沃萨古尔·拉姆古兰带着纳文钱德拉·拉姆古兰走在毛里求斯一些偏僻的街区和乡村的路上，看着贫困地区的场景十分触目惊心。许多无业游民和落后乡村的农民一个个都骨瘦如柴，他们吃不饱，穿不暖，这里的每一个儿童，他们从未接受过任何教育。父亲看到后，十分痛心，下定决心要好好改善民生。西沃萨古尔·拉姆古兰回到办公室积极与多方进行协商探讨，积极地进行民生政策的改革，甚至对一些地方贫困的惨状看不下去，他会发动捐款活动，以此来缓解当地人民的生活困苦。他还建设了多个救助所，让那些无家可归的人民有一个温暖的居住场所。他实行经济改革，扶持私营企业的发展，为更多下岗的人民提供就业，降低失业率，使他们能够自食其力，养家糊口。对于总理而言，他深知教育乃国之根本。西沃萨古尔·拉姆古兰非常注重教育的发展，创办多种学校让许多儿童、青少年接受文化教育，畅游知识的海洋。纳文钱德拉·拉姆古兰一直以来以父亲为榜样，做自己所做的所有事，像父亲一样体会民之所想，满足百姓所需。

1991年9月，纳文钱德拉·拉姆古兰成为国会议员，担任了毛里求斯的反对党的领导人。在议会工作的岗位上，他积极地去和生活中所见到的各个阶层的人交流，去知道他们的衣食住行等相关的所有问题。也正是因为这样，他所有的工作方式和方向也决定了他在工作中一直以毛里求斯的民众需求为主要着力点。果然他由此赢得人民的信任，在4年后的选举中，纳文钱德拉·拉姆古兰以高票通过，担任毛里求斯的总理一职。而这一刻，他终于在父亲曾经战斗的政府总理岗位上秉承父亲的梦想，继续在这片自己深爱的土地上去耕耘。纳文钱德拉·拉姆古兰在担任总理后，他时刻以父亲的遗愿作为他工作的推动力，高度地重视毛里求斯的政治经济以及民生事业的发展，并且大力发展毛里求斯的外交事业。

# 03 浓浓的中国情缘

对于纳文钱德拉·拉姆古兰来说，他与中国之间的不解情缘真的无法用言语来表达，自他小时候起，他总是能从他和父亲的交流中学习到很多与中国有关的东西。他仍然记得在他还小的时候，他的父亲曾经在外交中为了与中国建交而所做的一切。1972 年，在众多西方国家反对的情况下，他的父亲力排众议毅然做出了和中国建立外交关系的正确的历史抉择。1995 年 12 月，他领导工党—战斗党联盟赢得议会选举，并成为毛里求斯历史上最年轻的总理。在总理任上，拉姆古兰曾于 1997 年访华。2000 年 10 月，他担任议会反对党领袖。2005 年 7 月，他领导社会联盟赢得议会选举，再次出任总理，并兼国防和内政、文职和行政改革、罗德里格斯岛和外部岛屿部长。作为总理，2006 年 11 月他出席了中非合作论坛北京峰会。

拉姆古兰之所以对中国情有独钟，除了从自己父亲那里的耳濡目染之外，更多的是在他当选国家总理的时候。他也一直见证着中国不断地支持着毛里求斯的经济建设，尤其是在基础设施建设上，中国总是在无偿地提供着各种帮助。如今的毛里求斯的发展，很大程度上有中国政府的无私奉献。

拉姆古兰记忆中最难忘记的日子是2006年8月26日的那一天。为了表示中毛两国的深厚情谊，作为国家总理的拉姆古兰积极支持毛里求斯各界举办了一场为期3天的“中国日”的重要活动。拉姆古兰非常钟爱毛里求斯首都路易港的唐人街的中国文化。所以在这次“中国日”的活动中，这个唐人街自然成为了活动的主要阵地。街道两边满是由华人开办的中国饭馆、百货超市以及贸易交流的商铺，一家一家都给所有人一种浓浓的中国特色。在这里，最美的尤其是在舞台上出现的极具中国地域文化的舞狮表演，还有独具特色的太极拳表演，以及铿锵有力的锣鼓声吸引着络绎不绝的人群。拉姆古兰作为国家总理，他高度赞扬中华文化的博大精深，并在“中国日”的开幕词中积极肯定了中国和毛里求斯双方为了这次活动所做出的一切努力。他深爱着中国文化的点点滴滴，不论是以静制动的太极拳还是动静结合的狮虎斗，都充满着浓浓的中国情。拉姆古兰认为，一方面，通过这次别开生面的“中国日”活动，能够加强毛里求斯和中国之间深厚的兄弟之情；另一方面，通过这样一种文化的交流，能够让更多的毛里求斯人认识中国，了解到中国这个对和平有热切期盼的国家，是一个充满爱和良好文化风尚的国家。

在这几天的活动中，纳文钱德拉·拉姆古兰热烈地欢迎了来自中国文化艺术界的各位朋友，并且以最高的礼遇招待了远道而来的中国贵宾。对于这些招待，中国代表团的各位也充满浓浓的感激之情。中国与毛里求斯的友好交往，一路走过30多年的风雨历程，两国之间和平共处，互利合作，促进了两国关系的良好发展。

纳文钱德拉·拉姆古兰也为了更好地增进两国的友好情谊，也为了不断地加深毛里求斯与中国之间的友好关系，他也曾经不止一次地来到中国，不论是与中国领导人的友好会晤还是与地方经贸合作的交流，他都表示着浓郁的兴趣。

2006年11月，纳文钱德拉·拉姆古兰出席中非合作论坛北京峰会，再一次踏上了中国这片迷人的沃土。为了全面了解中国的各方面发展，拉姆古兰应中国政府的友好邀请来到了上海这个国际化的大都市。当他踏上这片土地的时候，他才深刻地发现中国的经济的确在各处都突飞猛进地发展。上海作为中国最大的经济文化交流中心，良好的投资环境和经济发展前景有很多值得毛里求斯认真学习的地方。虽然拉姆古兰作为毛里求斯国家总理，但是他仍然希望自己能够抽出一些时间走在上海的大街小巷去品味上海的地域文化。他曾经不止一次地和自己随行的代表团成员表示，上海是一个非常有魅力的城市，不论它的经济贸易还是其投资环境都彰显着上海厚重的实力。毛里求斯在多年的发展中一直与中国保持着良好的发展关系，但是他更希望能够与中国的诸如上海一类的前卫城市开展良好的城市合作。对于上海，他认为在贸易投资方面、经济发展方面，或者是旅游服务等方面都有着很大的发展优势，如果上海能够与毛里求斯加强合作，一定能够开创互利共赢的美好局面。

纳文钱德拉·拉姆古兰在这次访问中国时，时任国家主席胡锦涛与他进行了友好会面，时任国务院总理温家宝与他进行了友好交流。温家宝总理对纳文钱德拉·拉姆古兰为毛里求斯所做的工作表示出了极高的赞赏，虽然中国与毛里求斯远隔千里之遥，但是为了两国的良好发展，双方都做出了非常坚实的工作。两国的发展离不开双方的共同努力。近年来，纳文钱德拉 · 拉姆古兰不断地在加强着与中国的友好交流，不断地加深着与中国之间的良好的合作关系。不论是在工业方面还是服务领域，双方的合作都成为了相互友好的见证。纳文钱德拉 · 拉姆古兰总理深切地感谢着中国对于毛里求斯的无私帮助。在非洲这个相对落后的大洲，因为有了中国的支持才会在当今的社会发展中有着非常快的发展。他们都认为，非洲是一片拥有无穷力量和发展潜力的大陆，无论是丰富的资源矿产，还是广泛的市场需求，非洲都会成为世界各国发展所向往的神奇沃土。拉姆古兰认为，中国在与非洲各国的关系中都体现出无私的奉献精神，小到一项基础设施建设，大到国家宏观经济扶持，都表现出一个世界大国的风范。中国政府在非洲实施的八项政策无不有效地促进着毛里求斯的经济发展，尤其是中国在毛里求斯建立的贸易经济发展区域，这个伟大的投资举措，不仅为毛里求斯这个正在提速发展的国家提供了将近 7500 多个工作机会，而且也正是这个项目，使得毛里求斯经济发展，取得了非常大的经济收入。这对毛里求斯来说，真的是一个最大的福音。毛里求斯与中国之间虽然相隔万里之遥，但是两国的友谊却源远流长，一定会在不断的交往中走向一个新的高度。

纳文钱德拉·拉姆古兰曾在北京举办的中国与毛里求斯投资促进研讨会上表示，期盼中国企业能够到毛里求斯去。毛里求斯在多年的经济发展中在中国政府的帮助下，已经具备了非常良好的通信网络和基础设施建设；在与中国、与世界的交往中，毛里求斯以开放的心态不断地吸引着来自中国和世界各地的人才，吸引着经济、文化以及其他各领域的投资。这些条件的良好铺垫非常适合中国的企业的发展，并且毛里求斯也非常愿意成为中国企业走向非洲大陆的主要纽带，发挥不可替代的桥梁作用，为两国关系的发展，促进中国与非洲各国的互利共赢的合作作出最大的贡献。

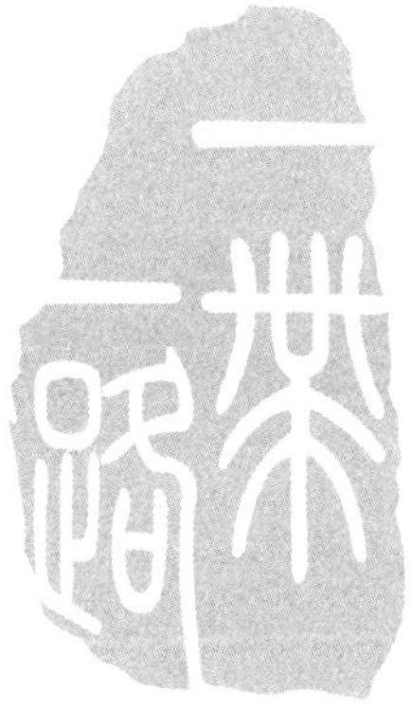

Chapter 05

# 一身正气的华裔外交家

## ——曾繁兴

曾繁兴（1938—），毛里求斯的著名作家、诗人、学者，曾任政府的艺术、文化和娱乐部长。出生于毛里求斯路易港的中国客家人家庭，祖籍广东省梅州市。1961年负笈伦敦，获法语和英语学士学位。毕业后回毛里求斯，在一家中文报纸当过记者，后在路易港皇家中学教授英文和法文。1968年曾在日内瓦国际高等学院攻读法律、经济和国际关系专业。后去毛里求斯驻法国大使馆工作。1972年到布鲁塞尔，参加非加太国家与欧共体的谈判。80年代初，出任英联邦基金会副会长。1996年至2000年曾担任毛里求斯政府的艺术、文化和娱乐部长。他一生中取得了许多杰出的成绩，其中最值得称道的政绩就是在担任毛里求斯政府的艺术、文化和娱乐部长期间，曾繁兴全力推动中毛两国的文化交流与合作，并于1996年和1998年率领毛里求斯政府文化代表团访华，且与中方签署了《中毛两国政府文化合作协定1998—2000年度执行计划》。这项计划不仅造福了毛里求斯的国民，同时也为中国的建设贡献了自己的一份力量。他被称为“毛里求斯的华人部长”。

## 01 在磕磕绊绊中成长

曾繁兴出生在一个比较富裕的家庭。曾繁兴的父亲来自广东省梅州市梅县，在毛里求斯路易港经营一家店铺，他的母亲则是一位虔诚的天主教徒。总的来说，他小时候的生活还算比较优越。曾繁兴年幼的时候，就读于中文学校。抗日战争胜利后，中国又爆发内战，国家前途让人感到迷茫。他后来开始转学英文和法文。他学得非常快也非常好。这份天赋也为曾繁兴将来的外交生涯奠定了最扎实的基础。

对于他的语言天赋，妈妈也感到非常惊喜。有一天，小小的曾繁兴开始吃饭，妈妈突然听到曾繁兴说了两句法语。她很惊讶，因为家里的人通常都是用英语来进行交谈的。孩子怎么会说出法语？妈妈兴奋地和爸爸说起了这件事。原来，当天有人用法语向妈妈问路，而小曾繁兴就站在妈妈的旁边。由于妈妈只会说英语，听不懂对方说什么，所以她无奈地摇了摇头。那人见妈妈会说英语，转而用英语进行交谈，直到问明白，才带着微笑离开了。没想到，路人一开始说的几句法国话就被曾繁兴记住了，而且他重复人家说的话，说出路人表达的意思，发音还很标准。父亲听到这个消息，也颇感意外。他开始有意识地培养孩子的语言能力，让孩子学习了好几门外语。仅仅 3 个月的时间，他就已经能用流利的法语和人交谈了！看到他的进步，家人都感到非常欣慰，爸爸对他更是疼爱有加。

子女是父母的镜子，中国文化是在异国的中国家庭接受家庭教育的纽带。曾繁兴的家庭环境对于他的成长而言至关重要。曾繁兴回忆，"中华文化就是我们的家庭文化。从小，我们家里经常庆祝中国传统节日，父亲也以中国独特的教育方式，教我礼孝仁义的家庭观念，教我尊重长辈，循规蹈矩，认真学习，不占别人便宜，其中最核心的就是'做好人'。这些也造就了我做人的原则。刚上小学时，经常有一些当地的孩子歧视地指着我喊中国小孩、中国小孩，我回去向父亲诉说委屈，父亲打趣地安慰我，如果我们不在这里，你们会变得很孤单。从那时起，我就自发地去了解中国的传统故事，认真了解老子和孔子等诸子百家的思想精髓。"

他从 14 岁开始喜欢写诗，经常刊登在报纸上。从那时候起就有记者与他接触，以后每逢中国节日，就会有记者采访他，请他介绍中国的文化传统。他自幼受中华文化熏陶，学生时代接受西方教育，其后又专门研究过印度文明、伊斯兰文明，所以总能站在历史的高度，以广阔的视角看问题。早年在店铺里的经历培养了他善解人意的品质和捕捉他人内心敏感点的本领。

曾繁兴的父亲集中反映了海外华裔商人的优点，在生意最困难的时候，连一根火柴也十分看重。就是这样的父亲，将自己的子女培养成当地社会的佼佼者。但在曾繁兴十多岁的时候，优裕的家庭发生了巨变。他的父亲由于生意破产而病倒，整个家庭的经济支柱坍塌了，日常生活到了举步维艰的地步。

小小年纪的曾繁兴，体会到了世态的炎凉。以前的时候，亲戚总是一个又一个地来到自己的家里做客，不断地夸着自己，仿佛有说不完的奉承话，每次都笑脸相伴，显得他们和自己家的关系非常好。而母亲也总是在她们临走的时候，给他们很多礼品。可是自曾繁兴父亲生病后，这些平日里的亲戚却突然都消失了一般，没有一个人过来看望父亲。曾经热闹的家庭，也顿时变得冷清。曾繁兴把这一切看在眼里记在心里。他不再是以前那个活泼的孩子了。他变得沉默，变得自卑，成绩也开始下滑。老师也曾一次又一次地找他谈心，可是他总是沉默不语，因为他想维护自己最后的自尊心。老师也变得无可奈何了。

他和同学的接触也慢慢少了起来，同学们也就慢慢地疏远了。有一天，他来到图书馆，漫无目的地翻起那一本本泛黄的书籍。这次他读的书是《老人与海》。“人和鱼斗争的故事，这个故事有些意思。”带着好奇心，他开始读下去。这一读便一发而不可收，故事深深地吸引了他。他突然觉得，自己就像做了一个梦，这个梦浑浑噩噩的。而这本书，就像一声惊雷，让他警觉、醒悟。老人尚能为自己的信念而拼搏，不畏艰险，而年纪轻轻的自己在遭遇挫折之后又做了些什么？自己错过了、浪费了太多的时光，却浑然不觉。回头想想，这段时间除了失落，除了徘徊，除了顾影自怜，还做了什么？怎么能就这样轻易地被眼前的困难所打倒！自己就这么不堪一击吗？他终于明白了，没有什么事情是一帆风顺的，只有在挫折中顽强地站起来的人才算是真正的勇士。

他开始将自己紧闭的心扉敞开，又重新和同学们谈笑风生，和同学们一起讨论问题，开始积极锻炼自己的身体。而更为重要的是，他更加喜欢读书了。因为他深切地体会到，读书会照亮人生。

而这段一个人的岁月也成为他日后回忆的念想，在时光的雕饰中成为难以抹去的回忆。他曾动情地说，每个人都应该有一段独处的时光，这段时光能让人更清楚自己的分量。只有独处，你的身心才是属于自己的，你才能在喧嚣中沉淀，从客观的角度重新认识自己，认识世界。

曾繁兴举家搬迁到了郊区。虽然这里的生活环境水平远远不如之前，但是在这片混合着不同人的区域，曾繁兴接触到了各种不同的文化、艺术，开启了曾繁兴走向不同世界文化的大门。这也是他之前从未曾收获过的。

以前在城市生活的时候，他总是习惯睡懒觉，然后在睡梦中被家人叫醒，在迷迷瞪瞪中开始走向学校。可是由于郊区距离学校较远，曾繁兴不得不更早地起床。和城市的车水马龙不同，郊区的早晨显得格外的宁静。他开始习惯了早起，甚至不上学的日子，也喜欢早早地起来，去欣赏如诗如画般的郊区美景。

正是这段时光，为他后来的学习和创作，打下了坚实的基础。1961 年，他留学伦敦，获法语和英语学士学位。毕业后返回毛里求斯，他在一家中文报纸当过记者，后在路易港皇家中学教授英文和法文。在这里，曾繁兴借着自己早起的习惯，开始他的写作。这其中有的著作也曾经在各大作品比赛中取得优异的成绩。除了写作,曾繁兴也是一名优秀的老师，几乎在全国各地都有他的学生。桃李满天下是令他感到十分自豪的事情。他很喜欢在高校传授自己的思想和学识。他说，看着台下如此多的正值好时光的青少年，就像看到了国家更加繁荣昌盛的光辉未来。他的理想就是希望自己的思想能影响更多的人，激励他们拼搏向上，不向命运低头。曾繁兴还翻译自己的文章，他想让全世界的人都能看到他自己的作品，希望能影响更多的人。他认为，能让自己的思想影响到更多的向往积极生活的人是一件快乐的大事。

# 02 出色的华裔外交官

1968 年，毛里求斯赢得独立，国家亟须培养高素质的外交官。当时的毛里求斯为此推出了一项选拔人才的考试。在考场上，曾繁兴以广博的学识、敏锐的眼光和独特的思想，考出了优异的成绩，成为 3 名被录取者之一。于是，他被派到日内瓦国际高等学院攻读法律、经济和国际关系。他考上了自己理想的学校，迈出了成为优秀外交官的第一步，为自己的未来交出了一份满意的答卷。他没有辜负家人的期望。

人生就是这样，只有在每一个转折的地方，抓住机会，才能改变或者续写人生的华丽篇章。当得知自己被录取的消息时，曾繁兴显得非常兴奋。因为在他小的时候，他就阅读了大量的关于外交家的书籍。在这些人物中，他最为敬佩的则莫过于周恩来总理。我们都知道，在中华人民共和国刚成立的那几年，周总理凭借自己的智慧和应变能力，一次又一次巧妙地挽回了国家的尊严。有一次，外国记者来到中国，他问周总理：“中国的公路为什么叫马路？”说完，脸上露出了一股得意的笑容。周总理听后，反而哈哈大笑，然后从容地对记者说："因为我们走的是马克思主义道路！"听了周总理的话，记者灰溜溜地低下了头。每当读到这些故事的时候，曾繁兴都会拍案叫绝。也正是广泛的学习、大量知识的积累，让他心中理想的种子得以开花、结果。机遇总是留给有准备的人的。当改变他一生命运的考试来临时，曾繁兴把握住机遇，并且最终以优异的成绩考上了自己理想的学校。

在大学的学习生活中，曾繁兴有一个非常好的学习习惯，总是能在读书的时候，思考自己的观点和看法。他总会把每次读书时发现的问题记在笔记本中，深刻思考这些问题，等有时间就去找老师探讨。一般来说，他总是喜欢把时间定在每周六的下午两点，因为这个时候，老师的时间相对来说比较宽裕。

这次，他仍然按照习惯，来到自己的老师家。他出门时，外面下起了雨，他没有带伞，也不敢避雨，因为有可能在他避雨的时候，老师就走了。所以他奔跑在雨里，跑向老师的办公室。当他发现老师正在和一个人商量着什么事情时，他就静静地走到一边，顾不得身上淋湿的衣服和头发，打开自己的本子，接着思考自己的问题。可是老师这次的事情比较紧急,一个小时过去了,两个小时过去了。终于,老师转过头来，脸上充满歉意。等到曾繁兴从老师的办公室出来的时候，才发现天已经快到傍晚了，自己身上湿漉漉的衣服都已经干了。远处，太阳已贴近西山边，只见红霞满天，炊烟袅袅。树枝上，偶尔滴下来几滴水珠，滴在人的脸上，凉飕飕的。他打了个哆嗦，然后微微一笑。曾繁兴看着眼前的景色，深深地吸了一口夹杂着泥土芬芳的空气。好久，竟然没来得及欣赏这样的景色了！他开始把步子放慢，一次又一次地深呼吸……

时光荏苒，曾繁兴在日内瓦国际高等学院的学习进修最终取得了优异的成绩，为自己的学生生涯画上了一个圆满的句号。这为他成为一名出色的外交官奠定了坚实的基础。学业完成后，他即作为一名干练的外交官驰骋于国际舞台。

曾繁兴从学校深造回来，有“国父”之称的首任总理西沃萨古尔·拉姆古兰对他颇为赏识。在他们逐渐交往的过程中，西沃萨古尔·拉姆古兰看到了曾繁兴优秀的工作能力与高于常人的应变能力。所以在不久之后曾繁兴便被派往了法国，协助毛里求斯驻法国大使处理馆中的外交事务，主要负责移民和旅游事务。在这里，他过着非常忙碌又非常充实的每一天。他终于有机会把在学校学到的理论结合自己的思考成功运用到实践中。在大使馆内，他负责的不仅是旅游相关的签证和信息，还要负责移民相关的手续和流程。工作十分繁忙，这繁杂的事务没有吓倒他，使他退缩。正相反，他常常处理得非常圆满，得到领导和同事的一致称赞。年轻有为，成为他的一个特殊的标签，也成为人们见到他之后的第一印象。

4 年之后，鉴于他精通英法两种语言，又调他到布鲁塞尔，参加非加太国家与欧共体的谈判。同毛里求斯国计民生息息相关的《糖协定》和著名的《洛美协定》，他都是直接谈判人。在这段工作历程中，他以学识得到了领导赏识，以能力让同事信服，做出的成绩可圈可点。大使馆的这份工作，是他步入政坛，接触到毛里求斯更高领导阶层的一个跳板。他出色的表现为这个国家作出了卓越的贡献。很多与毛里求斯有关的一些条约、政策，都是由他来直接接手，并且谈判解决的。他靠自己的能力稳健地为国家争取了非常多的在外交领域中的优势，为国家争取了利益，使得毛里求斯在跟随世界潮流的过程中，不至于被遗落。在大使馆的工作，也让他体验了法国这个浪漫精神的国家的风土人情，也更深刻地想念着自己父辈的家乡中国。在调任回到毛里求斯外交部门之后，他更加努力地工作，以期为毛里求斯的繁荣昌盛奉献出属于自己的一份力量，也为国际间的国家交往作出贡献。

曾繁兴知道，在现在这个信息极速发达的社会，如果不学习，如果自己不积极进步，就会被巨大的社会浪潮所淘汰。所以，他每天只要一有时间，就会翻阅研读有关外交方面的书籍以及国内外的政策法规，看一下当天全球以及国内发生的大事，做到心中有数。日复一日，年复一年，曾繁兴变得更加自信，更加沉稳，更加成竹在胸。

后来回到国内工作，他肩上的担子并没有减轻，且由于致力于外交方面的事情，他感觉每天的时间都不够用。由于在之前担任过非常多的职位时得到了锻炼，这些经验使他向真正成为一名合格的外交官不断靠近。他非常重视自己的职位，尽心尽力地工作，为毛里求斯的外交事业发出自己的光和热。有人说，在所有的事情中，最难的就是和人打交道。在回到毛里求斯之后的数年内，他先后访问过上百个国家和地区，见识到了不同国家的基础设施建设，见识了不同国家的经济发展状况，还见识了不同国家的人文气息。这些经历经常使他受极大的震动。曾繁兴在参照其他国家政策的优点同时，对自己国家的某些政策和规范的不足提出自己改善性的意见。在毛里求斯的经济和政治建设中，也提出了许多有利于毛里求斯国家发展的不同的想法，并且将其中易于实现的部分都付诸实践。在其他国家参观访问的同时，曾繁兴也十分欢迎其他国家的领导人到自己的国家进行参观和访问，希望在两国友好交往的基础上，促进双方贸易经济的发展。在这些来访的国家中，他积极配合着这些国家的办事机构，制定了符合两国利益的谈判条件，争取每一次有利于毛里求斯国家利益的外交活动的成功。来自许多国家的外交官对曾繁兴的评价也很高，人们说与他交谈如沐春风，他的外交思想令人钦佩。

他凭借着自己的智慧，在外交场上如鱼得水。但也有让他不顺心的时候。有一次，曾繁兴在出访国外时被国外对中国不平等的政策感到愤愤不平。从外国回到自己的国家后，他就对毛里求斯一项歧视中国的政策规定极为不满意。他衡量了中国和毛里求斯的实际情况，认为那是对中国人极不公平的一件事。作为华裔，他很明白自己内心此刻的感受是来自血脉深处的嘶吼。

他曾经试图反抗，让政府意识到问题所在，可是一个人的力量毕竟是微不足道的；他也曾经试图联络各界有影响的人士，可是别人都反过来劝他，让他放弃自己的行为。在那段时间里，执政党一些举措也让曾繁兴顿时感到心灰意冷，挫败感油然而生。他从来没有这样的低落过。他感到自己的理想受到了挫折。以前他相信，只要怀着一颗正直的心，只要经过自己坚持不懈的努力，只要自己坚守自己心中的信念，就一定能够实现自己的愿望。可是此刻，他明白这些也许都是自己的异想天开。有时候,事实并不是自己想象的那样简单，在政治场上，各方势力交杂，他孤身一人，不羡慕名利。他意识到，有些事情，即使他自己再去努力挣扎，也始终于事无补。所以,面对着这些让他极为反感的事情,他选择了逃避。这些事情就像压死骆驼的最后一根稻草，让曾繁兴果断地决定以后再也不沾身政治事务。因此，他毅然决然地递上了自己的辞呈。

在毛里求斯，民众都知道曾繁兴的大名。他就是民众心中正直聪明的政治家的代言人，国家也十分重用他，因为他的口才和应变能力正是国家需要的，他的品德更是让所有认识他的人深深地佩服。曾繁兴的影响力在毛里求斯国内是十分巨大的，不仅支持他的人会赞同和推崇他的做法与思想，有时甚至有些反对派的人也赞赏他做的一些事情。所以，他辞职，许多人都感到不解，更觉得惋惜。但是，在曾繁兴的世界观中，任何事情都无法撼动他心中认为的"道理"，凡事都要做到道理为先。所有问题都应该有其合适的解决方式，一切的纸醉金迷的东西只会腐蚀我们的灵魂，泯灭我们的理想，消弭我们的意志。做任何事情的时候，他都会坚定自己内心的想法，绝不向没有底线、没有原则、没有道德的事情低头。

总之，曾繁兴先生对自己曾经为之奋斗努力的工作岁月是十分怀念的，这些工作经验是值得的，也是有意义的。这对曾繁兴先生的影响无疑是巨大的。他从来没有敷衍过任何一项工作。这是曾繁兴自己引以为傲的事情，同时也是值得我们学习的。

# 03 诗人、学者、部长

1978年，曾繁兴携夫人和3个孩子一起返回毛里求斯岛，但他的外交生涯并未就此结束。回国在外交部工作数年后，他又经过考试竞争，担任了英联邦基金会副主任，移居伦敦7年，是英联邦几个重要计划的策划人。作为外交家，他曾经，造访的国家有100多个。他广泛了解民情民生，协助建立了英联邦职业协会、职业中心、英联邦文化与交流机构等。

曾繁兴不仅仅是一位睿智的外交工作者，同时还是一位爱好写作的作家、诗人、学者。他手上的工作，是他生活中的大部分事情，占据了他大部分的时间。除此之外，他还喜欢写作，这是他的情怀所在。正是由于他的这种奋斗与执着的状态和精神，他这段时间做出的成绩也是可圈可点的，为毛里求斯这个国家做出了卓越的成绩。除了继承了中华民族优秀文化，他更为关注华人的命运。在毛里求斯这个异国他乡，曾繁兴总是喜欢用自己的眼光，去寻求华人生活的独特视觉。在小的时候，对于华人和华侨，他总是喜欢去参与他们的各种节日，感受着中华传统文化的熏陶。伴随着年龄的增长，也随着自己所了解内容的增多，他对于华人华侨的认识，开始上升到精神层面。他开始积极关注他们的生存状况，关注他们内心的归属感和价值追求。因为自己也是其中的一员，所以他的体会比较深刻而又独到。工作之余，他潜心创作，仰屋著书。早在1958年，他20岁时就用法文发表了诗歌，该诗先后两度获奖，不久又出版诗集《传说》。1972年，他创作的剧本《船长》在巴黎出版。除文学创作外，他还就国家的外交政策、毛里求斯法律等发表过英、法文专著。此外，还著有《客家人之歌》(法文诗集)、《毛里求斯历史中的中国人》、《客家人的由来和传记》、《中国人的海外旅程（1652—1992年)》等书，其中《毛里求斯历史中的中国人》和《客家人的由来和传说》系近年新作。他是一个人在外国生活，却很念祖的人。他在寻根的过程中，中华文化以及海外华人的命运在他的作品中占有非同寻常的位置。

不仅如此，有关国家法律和政治思想的内容也是他写作生涯中比重很大的一部分。曾繁兴认为：征服他人不仅是要通过自己外交上铿锵有力的声音，也要通过作品中深邃的思想。在他的一生中，出版过许多令人耳熟能详的文学作品，将他内心中积极的思想传播给了后代，甚至全世界更多的人。

记者与曾繁兴谈到了他担任部长的时候，他的工作是怎样的。他叹了口气，表情严肃地说，毛里求斯的文化具有多样性，不太好管理，这是好处，也是坏处啊。种族问题在毛里求斯就显得特别明显，记者询问曾繁兴先生的意见。曾繁兴先生对着记者说出了自己的看法，这种问题唯一有效的解决办法就是普及教育。如果毛里求斯的国民的普遍教育都得到提升的话，这种问题应该就能迎刃而解了。访谈结束后记者对着镜头说道，曾繁兴先生其实就是那个最合适处理这种情况的人选。因为曾繁兴先生幼时曾经接触过不同的文化，更能透彻了解每一种文化的优秀与劣势。只有了解了这些文化，才能找到一个合适的“点”，将这几种文化融合起来，创造出一个和谐美好的社会。曾繁兴先生还补充道，人们需要在自己的工作中培养出一些自己独有的能力，而这些能力恰好就是我们每个人日常生活中都需要的。

# 04 深入骨髓的中国文化

虽然身在毛里求斯，但是曾繁兴始终没有忘记自己与中国的剪不断的关系。他的一腔沸腾的热血来自中国。他的深深的文化之根在中国。曾繁兴曾经表示，自己的创作思想，甚至从政的许多理念，都是从中国道家和儒家的思想演变而来的。他本身也非常赞同这种思想。

他非常欣赏庄子，喜欢他的洒脱和自然，喜欢他的淡泊名利及无欲无求。在这个纷扰的世界，人需要给自己的心灵留一片净土。这里没有任何的杂草丛生，一切都是干净而又透明。他也喜欢孔子，被孔子广博的学识而征服启发。更为重要的是，通过孔子以及《论语》，他知道了如何去做，才是一个完整的"人"。"己所不欲，勿施于人。"对于这个孔子认为可以终身行之的观点，他有着自己独特而又深刻的体会，他也用这句话指导着自己的言行。人也应该学会换位思考，这样的话，做事情才不至于陷入自私的泥淖中。就这样，道家就像是医生，时刻给自己和灵魂进行着医治，而儒家，则更像是美食，让自己时刻地咀嚼，时刻地给自己能量和动力。

凭借着自己不断的钻研，曾繁兴在文化方面的研究有着卓越的成绩。因此，国内外的许多高校邀请他去演讲。

曾繁兴通过自己的学识和感染力，总是能够赢得大家的认同,以及引起同学们的共鸣。他总是喜欢从平凡的小事入手，然后在从这些小事中引发出深厚的哲理，让人深思。人们无不叹服他的睿智。他也因为自己积极的思想和正直的“三观”，给学生们带来了影响一生的正能量。这些也使他平和的思想影响了更多的人。当被记者问到了自己最喜欢的职业是哪一个的时候，曾繁兴老先生爽朗地笑了笑，对着记者说：“有的人对自己所涉足的职业很感兴趣，而且绝对没有后悔过，我就是这样的一个人。”曾繁兴先生曾经做过许许多多的事情，在各个领域都有自己的建树，对待任何工作他都会尽心尽力的去完成，并珍惜每一份辛勤努力的成果。

之所以曾繁兴能够取得如此多的硕果，以及对中华文化有着如此深厚的感情，这和他小时候的经历是分不开的。曾繁兴老先生回忆起自己小时候以及生活的环境：在毛里求斯的居住地周围有许许多多的中国人或者华人华侨，这片地区成为了拥有华人血统最多的民众的聚居地，就像美国的唐人街一样。曾繁兴居住的这片地区，很多中华的传统习俗和文化都被完善地保存下来。很多人在这里依然会过中国的传统节日，如春节、中秋节、端午节、重阳节等。他们过节的时候也会吃传统的食物，如饺子、月饼、菊花酒等。他仍然记得，最令自己兴奋的节日是春节。在春节的时候，他们载歌载舞，家人团聚，庆祝着那些深深烙在骨子里的习俗。他也会像中国的小朋友那般，在大年初一那天，早早地起床，然后穿上喜庆而又干净整洁的新衣服，拿着一挂火红的小鞭炮，然后将它们点着。小鞭炮“噼里啪啦”地响了起来，他也乐得合不拢嘴。那份欢乐的记忆，从未从自己的记忆里离开。所以说，在那个时候，每当过年或者过节的时候，很多国外友人会来到华人华侨居住的地方，感受着浓浓的节日氛围，并且他们通常也会收到当地华人的邀请，所以他们应该也能清晰的感受到中国浓厚的传统风俗的气氛，以及淳朴好客的朴实民风吧。

“毛里求斯是一个多种族、多文化并存的国家，它的国情非常的复杂。别人只是从电视上看到了种族问题，而在我们这里，它同每个人直接相关。”他认为，要解决这个问题，归根到底还是要发展教育，提倡宽容和相互尊重。作为具有中国血统的人，曾繁兴对这一点常常引以为傲，他感慨地回忆说：“初入小学时，一些孩子新奇地指着我喊‘中国人！’，那个时候只是觉得受到了排斥，因为我觉得自己和周围的人不一样，我们有些不同的东西，一种孤独和排斥感油然而生。我觉得非常的失落，回到家以后，我向父亲诉说着我的委屈。父亲摸着我的头，耐心地用中国的数千年文明来安慰我，告诉我有关中华民族的历史，这一下子激起了我的好奇心，失落的心情顿时抛到了九霄云外。我开始变得兴奋，开始求爸爸一次又一次地给我讲有关中华民族的相关知识，这给了我力量。今天，我知道，自改革开放以后，在中华民族的团结之下，中国近 20 年的迅速发展又给海外华人以自豪感。过去也许别人不看好华人，但现在人们很尊敬我们。”所以，从小时候开始，凭借着自己的爱好，他总是喜欢拿着一本又一本的中国名著来读。他不在乎同学们的看法和嘲笑，兴趣和文化的魅力已经深深地将他吸引住了。通过长期的总结，他对中国文化有着自己独到的见解。他认为，中华文化是一种“勤劳的文化”“助人的文化”，这个在中国的传统经典故事中都有体现，比如《大禹治水》《精卫填海》等。包括海外华人在内的所有中国人，都有责任“把中华文化发扬光大”。正是由于对于中华文化的深刻了解，使得他在文化认同上也开始有了一定的倾向。

2006年毛里求斯“中国日”活动期间，应邀出席“中国日”活动的全英华人中国和平统一促进会会长、国际法专家和毛里求斯前文化部部长曾繁兴发表演讲，论证了中国实现和平统一是历史的必然趋势，并回答了与会者的提问。面对着中国的台湾问题，曾繁兴说，世界上只有一个中国，大陆和台湾同属一个中国。毛里求斯对中国的领土主权表示了极度的尊重和认可，中国也向毛里求斯伸出了友谊的橄榄枝。两国的友谊也开始得到了不断的加深。

毛里求斯华人社团联合会会长邓旭升在会上宣读了反“独”促统宣言，获与会代表一致通过。宣言坚决反对“台独”，表示绝不允许“台独”分裂势力把台湾从中国分割出去。呼吁全世界所有支持中国统一的华侨华人，不论其政治倾向如何，在反“独”促统的大旗帜下，利用自身与大陆和台湾的特殊关系，切实为反对“台湾独立”和实现祖国统一作出自己应有的贡献。

曾繁兴在中国曾经受到了各方面的邀请，在中国的高校开展了许许多多的讲座。大部分讲座的主题都是在鼓励中国的青少年学习儒家和道家的思想。曾繁兴推崇这种思想，青少年时期就深深的被儒家思想和道家思想所影响，从而奠定了他积极向上的世界观。因此，他希望更多的人能传承这种中华五千年流传下来的思想。这种思想能够利于自身世界观的建设，使自己成为一个对国家建设有作用的人才，也能够为自己的国家增添自己的一份力量。这样自己才能更加强大，国家才能更加强大，世界才能更加和谐和美好。

2007 年 7 月 28 日晚，毛里求斯前文化艺术部部长曾繁兴受中国文化中心之邀，在路易港南顺会馆礼堂举办了以“中国文化主流”为题的讲座。毛里求斯媒体记者、华人华侨社团代表及听众 100 多人出席了活动。曾繁兴在讲座中表示，经历几代人的时间，毛里求斯华人社会受西方文化和教育体系的影响，面临着优秀的中国文化传统日渐流失的危机。他强调，在中国日益发展、在国际上占有举足轻重的地位的今天，毛里求斯华人更应该致力于追本溯源、继承和恢复中华民族的传统文化和习俗。他认为，让子女学习汉语，庆祝中国传统节日，了解儒家和道家思想，提倡礼孝仁义的家庭和社会观念，这些都有助于毛里求斯华人社会文化本源和民族传统的回归。在讲座上，曾繁兴侃侃而谈，谈笑风生，一派绅士的风范。但是他的演讲却是条理清晰,充满着睿智和哲理。这使得他一开口，就深深地抓住了每个人的注意力。通过这次讲座，曾繁兴老先生更是把自己的想法传播到了更多人的心中。曾繁兴老先生在讲座上还讲了自己的一本著作，其中讲了毛里求斯和中国的种种关联、中国人和毛里求斯人的种种联系。他所用的语句极其生动，让人仿佛身临其境，感觉如痴如醉。讲座结束后，在场观众意犹未尽，纷纷向主讲人提问，现场气氛十分热烈。许多聆听了讲座的华人也对继承发扬中国文化传统、增强毛华人社会民族意识的观点予以支持和认同。这场讲座达到了完满的预期效果。最后在观众们热烈的掌声与不舍中，讲座落下了帷幕。

2012 年，曾繁兴在中国任职。这年 3 月，曾繁兴受邀参观了中国的一所高校。他对学校中的现代化设备赞不绝口，而且对学校的师资力量和教学方法都表示了赞赏。并且他提出自己的建议，一心想让这些下一辈们能少走些弯路，更好地接受良好的教育。在参观完学校的硬件设施后，曾繁兴还兴致勃勃地亲自去听了在校老师的讲课，与这所学校的学生进行了深入的互动。曾繁兴慈祥地鼓励学生们认真学习，将来好好报答自己的父母，报答自己的祖国。

曾繁兴先生在中国任职的时候，不仅仅参加过讲座。在高校的晚会上，也经常能看到这位老人和蔼的身影。他同样将自己的思想和愿望毫无保留地传递给了那些求知欲强的莘莘学子。他相信中国的优秀文化会这样一代又一代地传承下去，永不消失。

在学校举办的中秋晚会上，大使先生说了本次晚会的意义是为了促进中国和毛里求斯两个国家的友好往来与交流。曾繁兴受邀意味深长地向学生们谈了谈自己的想法。最后在晚会的末尾，曾繁兴作为代表，向前3位会长颁发了奖牌，并且对他们为了团体作出的贡献表示了感谢之情。也是在这所学校，带头的老师向大家展示了《清明上河图》，来自毛里求斯的学生也积极踊跃地参与了表演。在晚会的表演上，毛里求斯的学生组成的一个团队为大家表演了许多精彩绝伦的节目。在座的观众们激情高涨，最后嘉宾们也都上台参与了这盛大的晚会活动。大家一起猜着灯谜，欢度中秋。不要小看这样的互动，这项活动不仅仅是为了玩乐，更是促进了中国和毛里求斯两个国家文化的友好交流，更利于今后各项工作的开展。就这样，两个国家的人的心联系在了一起，表达出了共同努力建设每个人心中理想的社会的良好愿望。

2013 年 1 月 11 日，由国家文化部、国务院新闻办公室、国务院侨务办公室、国家广播电影电视总局和中央电视台共同主办的《中华之光——传播中华文化年度人物评选》颁奖典礼，在中央电视台新台址隆重举行。各主办单位的主要领导出席了颁奖典礼，并为获得首届"传播中华文化年度人物"的 10 位个人和 1 个集体颁奖。获奖者来自世界五大洲，代表了不同的文化领域，每一位都是推动中华文化走向世界的代表性人物。在非洲推广中华文化的曾繁兴作为获奖者之一上台领奖。

活动给曾繁兴的颁奖词说："在海外漂泊的游子从不孤独，因为他永远携带着中华文化的行李。海路万里，隔不断华夏血脉，身居异乡，改不了客家乡音。关爱华人乡情，醉心中华文化，他著书立说，用汉字在非洲的土地上，写下了中华文化的瑰丽篇章。”这是“中华之光”栏目对于曾繁兴的高度评价。

对于中国文化，曾繁兴使着自己的全力，将它播散在非洲的这片土地上，在毛里求斯的各个角落。在异国的土地上，中华文化好似娇艳的花朵，花开正艳，绚烂多彩。

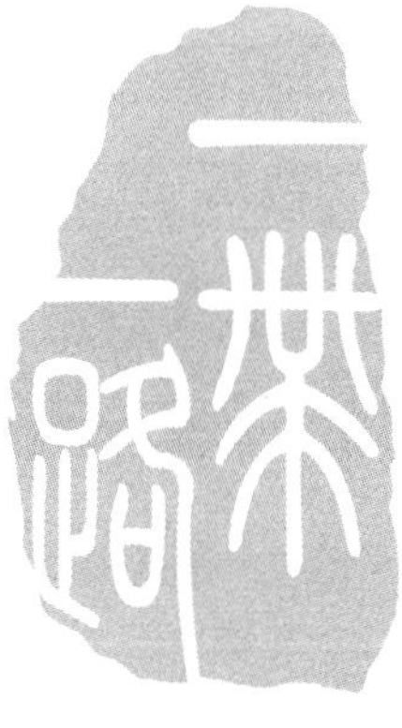
一带一路

Chapter 06

# 毛里求斯第一“女神”

## ——莫妮克·奥桑·贝勒波

莫妮克·奥桑·贝勒波（1942—），毛里求斯著名的政治家、代总统。高中学历，早年在国家广播公司做播音员，1972—1975年在毛商会工作。1990年加入工党，1995年当选为国会议员，1997—2000年担任城乡发展部部长。2010年11月担任副总统，任期为15年。2012年担任毛里求斯代总统。她为毛里求斯的各个领域作出了巨大的贡献。

## 01 早年时光

1942年5月3日，莫妮克出生在毛里求斯一户普通的家庭里，在她家隔壁住着一位学者。小时候，莫妮克常常透过窗户看到隔壁一位学者经常趴在桌边学习、写作的场景。虽然她不认识他，甚至叫不上他的名字，但他给莫妮克的人生带来巨大的影响。这让莫妮克越来越喜欢读书。她渐渐地开始了解这个世界，从小丰富的阅读量也为她以后的参政道路奠定了基础。莫妮克在上学期间，依然非常努力地读书，因为她坚信知识可以改变命运。学校有一个小型的图书馆，她常常去借书，一看就是一天，因此莫妮克在管理员中间几乎无人不知。

在莫妮克很小的时候，她的父亲就离开了她，莫妮克从小就是和母亲相依为命。莫妮克一天一天地成长起来，母亲的身体却越来越不好。在莫妮克初中的时候，母亲就因为过度劳累去世了。她的学业也只能持续到了高中，但是这却丝毫没有影响到莫妮克对读书的痴狂。在她的成长岁月里，书是陪伴她时光最长的东西。母亲的离开，虽然让她一度失去了对生活的希望，但是值得欣慰的是她还有书籍的陪伴。书的存在让她有了渴望，有了信仰，有了自己的追求。可对于读书这件事，莫妮克的家族却有不同的看法。莫妮克的家族觉得一个女孩子读书没什么用，女孩子不需要有本事，不需要闯荡，只要安安分分做好家中的内务就足够了。她却依然怀有满腔的雄心壮志，有一颗想要有所作为的心。她像古时候那些敢于为自己发声、努力反抗各种不公的女性一样，捍卫自己的权益。离开学校的莫妮克开始找工作自己养活自己。

由于莫妮克声音干净清脆，她找到了一份播音员的工作。

在当播音员期间，她负责播报的是政治和经济方面的节目。因为她比较关心时事，加上对事务的认识总有独到的见解，使得她的播音节目收听率非常高。当时广播台的台长也非常赏识她，希望她可以一直努力做好这个节目。可对于莫妮克来说，她显然不会满足一直当一个播音员的命运，她希望自己可以有更大的发展空间和追求。

随着工作的时间越来越长，莫妮克的听众越来越多，名气也越来越大。在成为了一个著名的播音员之后，她拥有了很多慕名而来的追求者，这其中就有后来莫妮克的丈夫尼夫卡。尼夫卡是当地一位富人家最小的儿子，在家中备受宠爱。但是优越的家境并没有让尼夫卡变成一个纨绔子弟，良好的家教使得尼夫卡拥有了高尚的品德和绅士的风度，不仅如此，他的能力卓群。尼夫卡的父亲在餐饮、服装、旅游和建筑方面都有产业，而尼夫卡将这些产业打理得井井有条，这足以体现他的能力。

莫妮克和尼夫卡是在一次宴会上相识的。莫妮克对于尼夫卡的一些政治见解十分赞同。他们聊了很多事情，相谈得十分融洽。之后两个人便开始了交往。莫妮克后来回忆说，她很感谢遇到了她的丈夫尼夫卡，他在许多事情上都给予了莫妮克很大帮助。

当莫妮克·奥桑·贝勒波和尼夫卡结婚之后，她将目标锁定在了商业领域,随即开启了她的从商之路。在之后的几年中，莫妮克·奥桑·贝勒波努力开展自己的商业活动。她十分看好毛里求斯的旅游资源，便开设了一家私人旅行社，开始了创业之路。为了能够和各个国家的游客进行交流，她还学习了汉语和俄罗斯语等语言。莫妮克十分懂得消费者的旅游需求，她让来到毛里求斯的旅客感受着这里的美丽风光和人文风俗。比如毛里求斯有100年才长成的大王棕随风摇曳，还有清池内漂荡着的巨大睡莲。毛里求斯还拥有世界上的珍稀动物茶隼和粉鸽，这些都是毛里求斯独有的资源。莫妮克投其所好，利用这些资源开辟不同的旅游路线，使得旅行社赢得了极高的声誉和回头客。渐渐的，越来越多的游客来到了毛里求斯。但心怀天下的莫妮克还希望可以让更多的人们加入这个行列。由于她的努力，她成功地在毛里求斯商会担任了一份重要的职务。她积极推动发展前景乐观的旅游业，在毛里求斯名噪一时。

## 02 步入政坛

在莫妮克商业发展到巅峰时期，她又做出了一个令所有人瞠目结舌的事情。她决定放弃商界的成就,主动退出商业圈。不过这些举动看似意料之外，其实属于情理之中。因为她是一个不甘平凡的人，是一个不愿意一辈子安于现状的人，更因为她是一个胸怀天下的人，她想要改变国家的政治面貌和积贫积弱的国家环境，同样常年地被殖民也让她渴望平等和自由。于是她开始萌发一个想法，她想要步入政治领域，努力改变国家的现状。短短几年的时间，她便在一个领域内发展到极致后，又转移到另一个领域，从头做起。更何况她还处在一个男女还没有完全平等的时代，可以做到如此程度这一定是她也未曾料到的事情。

早在她出生前的 1936 年 2 月 23 日，毛里求斯的第一个政党——工党便宣布成立了。工党曾为毛里求斯争取独立进行过积极的斗争。从小，莫妮克 · 奥桑 · 贝勒波就深受工党的影响。因为她也想为女性的彻底解放斗争，在她心里，国家的独立和女性的解放性质是一样的。1990 年，面对毛里求斯各种各样的党派，她还义无反顾地选择了加入工党。在党的工作中，莫妮克不负众望，深得人心，不久就脱颖而出，在工党中担任了中央执行局委员职务。在工党的那几年，莫妮克政绩优越，将工党带向上一个新的台阶，翻开了工党发展的新篇章。

2000 年，莫妮克·奥桑·贝勒波报名参加了议会的大选，但是遗憾落败。在那之后，莫妮克·奥桑·贝勒波并没有气馁，她认为自己还需要经过一些历练以积累经验，自己身上还是有一些缺陷，还需要好好弥补。她在最平凡的岗位上，却一直追求着做不平凡的事。在这段艰难的过程中，幸好她有一位陪着她，愿意在背后默默支持她的丈夫。在她学习工作的时候，她的丈夫就将家里的一切都打理好。她的丈夫对此并没有怨言，因为他爱自己的妻子，所以他想要全心全意支持她。也正是因为这样，莫妮克·奥桑·贝勒波才能在学习工作中再抽出一些空闲时间留给自己。她喜欢用这些闲暇时间去关心一些贫苦人民的生活，她热心于公益，看到人民生活太艰辛，她就主动伸出援助之手，还帮忙去募捐。她跟人们谈心，了解人们心里的想法，知道民众想要什么。之后几年，她也一直坚持着跟基层人民处好关系，同时她也是真心为人民着想，向国会无数次反映基层人民的情况，并提出了一些改善他们生活的建设性建议，获得国会的采纳。与此同时，莫妮克·奥桑·贝勒波还热心关注国家的发展。她善于发现国家建设中的一些问题，常常也会思考怎样才能解决这些问题。有时她甚至彻夜不眠，比如就为一个小小的教育建设问题就会纠结很久。

由于在党务工作和社会工作中的出色表现，2007年10月莫妮克·奥桑·贝勒波当选工党主席。2010年，莫妮克又一次参加竞选。前一任总统提出辞职后,莫妮克被推举为副总统，任期5年。

莫妮克·奥桑·贝勒波带领着这个国家走上了发展、富强的道路。在毛里求斯，莫妮克·奥桑·贝勒波的影响力和地位是无可比拟的，她为这个国家作出的贡献在毛里求斯历史上也是屈指可数的。莫妮克·奥桑·贝勒波从一家广播电视台的记者和新闻播音员，走到了副总统的位置，这从侧面反映出她的努力、她的能力和成绩。她做任何事都勤勤恳恳，处理问题干脆高效，她的生活就像一本传奇的故事。在上一届副总统安吉迪·查提尔不幸去世后，国民都认为她是最合适的人选。由此可见,她在毛里求斯的地位和影响力是多么大。此外，她为人也十分亲切，平易近人。莫妮克·奥桑·贝勒波用自己的行动告诉大家，她可以在这做得很好。2012 年 3 月 31 日起她出任代总统。

由于莫妮克的知识渊博，在政治和经济方面有相当高的知识储备量，因此她总是可以找到最适合毛里求斯各个地区发展的方法。比如中部的高原，适合发展林牧业，沿海的平原适合发展种植业。当然，毛里求斯美丽的海岛风光，更适宜的还是旅游业的发展。每年的 6—11 月都是毛里求斯最好的旅游季。由于莫妮克的多种发展方式的提出和实施，带动了毛里求斯经济的快速发展。

在莫妮克从政期间，她还建设了很多的高速公路和高架桥，使各个地区的交通变得十分便利。由于毛里求斯中部是高原，许多地区交通很不方便，她积极考察，联系了很多专家一起共同研究如何改善这些地区的交通。在她和相关专家技术团队的努力下，山区拥有了一条条便捷的道路，使毛里求斯的交通变得发达起来。

在信息技术方面，她知道毛里求斯在这方面并没有先进的技术条件，她希望可以通过引进来实现。因此，她出使多国，引进了先进的通信技术。从此，毛里求斯也实现了信息的现代化，哪怕相隔万水千山，通信都不受影响。

她还改善了毛里求斯的社区福利制度，让老年人可以得到更多的政府补贴，从而保障他们的生活。对于教育方面，她是最为关注的。她知道有很多孩子和她小时候一样是上不起学的。因为在毛里求斯，学校大部分是贵族办的，只有一小部分是国家办的。面对这一局面，她提高了公办学校教师的福利，让更多的教师愿意来到政府建设的学校。她还投入大量的资金去建设新的学校，体育场、图书馆等设施一应俱全，让更多的孩子拥有了良好的学习环境。她表示，“每一个孩子都是国家未来的希望，祖国的花朵，我们不可以让他们享受不到学习的阳光和知识的水分”。莫妮克为毛里求斯人民所做出的一切，让毛里求斯人民更加坚定了他们的选择，让他们对于毛里求斯的未来充满了期待。

在毛里求斯，莫妮克绝对是女性的学习榜样，也是女性参政的代表性人物。毛里求斯和非洲的很多国家一样，女性的社会地位低下，没有和男人平等的权利。在毛里求斯，很少可以有女性参政、从商，而莫妮克不但都做到了，而且比许多男人做得好。莫妮克在女性中是绝对的佼佼者。

很多女性正是因为看到了莫妮克的成功，她们也开始努力争取自己的权利。她们举行抗议游行，要求女性的平等权利，消除对女性的歧视，提高女性的社会地位。莫妮克知道后，她非常支持，积极帮助那些有才能、有理想、有抱负的女性，她相信女性也是可以有伟大成就的。

莫妮克也开始呼吁，要求对于毛里求斯女性平等权利加强保护。一个国家的发展和强大不仅仅是经济上的发展，而且从社会发展角度来说，女性的社会地位变化也能体现出这个国家是否进步。由于莫妮克的提议得到了毛里求斯广大女性的支持,甚至很多参政者也开始反思。在那时的新闻报纸上，这一问题成了毛里求斯最热门的讨论话题，很多的学者专家也纷纷发表了自己的意见。莫妮克任职期间，毛里求斯一下子分成了两个派别。一个支持莫妮克，支持解放女性，另一个则是竭力表示反对。一时间，毛里求斯全国上下都沸腾了。

在莫妮克的不懈努力下，毛里求斯议会通过了莫妮克的提案，颁布了关于女性权利的法律，开始重视提高女性的社会地位和基本权利。越来越多的女性可以自由地选择自己的职业和追求。她们都十分感谢莫妮克，她们亲切地称莫妮克为“女神”。

莫妮克的成功不仅仅是她自己的成功，同时还是社会进步的标志，是时代转变的指路标。

## 03 / 寻根问祖的友好交往

2013 年 7 月 8 日，时任中国外交部副部长翟隽会见了毛里求斯副总统莫妮克 · 奥桑 · 贝勒波，并参加标志着第一个毛里求斯直飞北京的航班建成的仪式。此外，两国在民用航空和旅游业的合作加强了两国之间的友好交往，使得两国关系更进一步。

莫妮克希望加强与中国在旅游方面的合作。她与中国政府积极交流，希望中国的旅游企业也可以积极与毛里求斯合作，共同发展。中国一向遵循“友好外交，共同发展”的原则，也十分看好与毛里求斯的合作关系。中方积极给毛方提供平台，扩大毛里求斯的知名度，让更多的人认识了解毛里求斯。如今，毛里求斯是非洲3个人类发展指数被评为“高”级别的国家之一。可见，旅游业在毛里求斯经济发展中占据举足轻重的地位。

曾经在毛里求斯最困难的时期，中国为其运来了大量的救济物资。中国对于毛里求斯的帮助是毛里求斯人民永远不会忘记的。因此在毛里求斯生活的人们十分感激中国和帮助过他们的国家。一方面，其他国家的物资大大帮助和促进了毛里求斯的发展，同时也让其他国家的文化大量融入这个曾经困难的国家。对于中国，大量物美价廉的商品造福了毛里求斯的人民，而毛里求斯盛产的金枪鱼也出口到世界各国。

莫妮克·奥桑·贝勒波作为毛里求斯的副总统、代总统，不但在治理国家、处理社会问题方面成绩突出，而且是一个出色的政治外交家。她积极推动与其他国家的交往，特别是中国的交往，为毛里求斯的发展作出了重大贡献。即使毛里求斯和中国相隔甚远，但是中国和毛里求斯的贸易往来却是紧密联系的。事实上，在毛里求斯的居民中，就有很大一部分是中国人的后裔，而莫妮克·奥桑·贝勒波的祖籍也是中国。她曾对中国进行过多次访问，寻根访祖。莫妮克·奥桑·贝勒波经过一系列的调查，她翻出了父亲曾经和友人的书信。莫妮克·奥桑·贝勒波才知道自己的故乡是在广东佛山市顺德区。顺德是著名侨乡，有着超过 50 万的海外和港澳乡亲，他们遍布世界五大洲，而旅居非洲的大部分人的祖籍均为乐从，这些顺德血脉在海外绵延生息，虽重洋阻隔，乡土亲情却缠绵难断。经过中国相关部门的密切配合，莫妮克·奥桑·贝勒波得知了自己祖辈家乡的具体位置，也是在顺德区的乐从镇，而且她父亲的堂弟仍然在那个地方生活着。

2013 年 11 月，莫妮克·奥桑·贝勒波问询后立马启程去往家乡。这一趟“寻根之旅”虽然经历了太多的艰辛，但是功夫不负有心人，在她赶到了乐平社区的时候，发现自己父亲的堂弟一家人都出来迎接她，她十分感动。这也是她首次远渡重洋踏上故土，爷爷年轻时离乡远赴毛里求斯谋生，父亲在毛里求斯出生，她也是从父辈口中得知自己祖籍顺德，而通过父亲当年与家乡亲人间的书信，以及早年爷爷在故乡的房产证，在侨务部门的协助下，她寻亲成功。在走入家门之后，她连忙与自己的亲戚握手，并且询问自己与他们一个个的关系。在问候了家乡的宗亲之后，这位贝勒波副总统又去了祖辈留下的祠堂，进行祭拜。后来贝勒波副总统还去了当地比较有名的地方看了看。年岁已高的莫妮克·奥桑·贝勒波表示，如果还有机会的话，一定还会回来。

当地的政府也对莫妮克副总统的到来表示极大的欢迎，他们对这位家乡的伟大后代的非凡经历表示尊敬，并为此感到骄傲和自豪。他们表示，能够看到亲人在许多年之后寻亲相认，这是一件幸福的事情，不管是参与者，还是旁观者。最近这段时期，有很多在国外的家乡人都回到了中国进行他们自己的寻根之旅。这种情况也大大地促进了旅游业的发展，同时也促进了该地区其他行业的繁荣与发展。贝勒波副总统表示，她这次回到了自己的家乡，看到自己家乡建设得如此美好，感到十分高兴。她对当地政府的安排和当地民众的欢迎表示了感谢。她表示这次回到家乡，完成了她自己最大的心愿，这是她最高兴的事情。贝勒波副总统还说，在离开以后她还会与亲朋好友取得联系，并且持续关心这边的情况。最重要的是她希望能够促进中国与毛里求斯之间的密切联系，她更希望能够促进中国和毛里求斯两国民众的感情。最后，当地政府还为贝勒波副总统送上了一些纪念品，贝勒波副总统欣然地接受了，并表示了自己的感谢之情。

广东梅州有“世界客都”的称号。近年来，也有很多具有中国后裔血统的人来到广东梅州来寻根。毛里求斯和梅州一样，都有着独特的风景名胜和人文古迹等，都是一个旅游观光的好去处。然而这两个地方的风景有一定的差异，国家就提出了让两地旅游业互补的想法，并且进行了很多实地考察，希望通过这一系列的活动，能够增强毛里求斯和中国的联系，能增强两国之间经济、贸易和政治各个方面的联系，同时也希望能够增强毛里求斯人民和中国人民之间的情感交流。

为此莫妮克还特意来到了梅州考察，梅州给莫妮克留下了深刻的印象。她十分满意这次的观光旅游，并且表示如果还有机会的话，希望下一次还来梅州做客。这么一说，大家都能体会到这位总统的平易近人，也都对莫妮克·奥桑·贝勒波产生了好印象，并且激发了中国人民去毛里求斯观光的好奇心。

2013 年 11 月，莫妮克 · 奥桑 · 贝勒波的广东顺德寻亲之旅是在参加福建厦门国际海洋论坛之后顺道安排的活动。莫妮克 · 奥桑 · 贝勒波国际海洋论坛表达了她喜欢中国，她觉得能和中国交流合作，共同发展是非常荣幸的，是充满希望的，是毛里求斯人民的夙愿，也是中毛友谊的见证。

由于毛里求斯并不像中国一样拥有丰富的物产资源，比如矿产资源、石油和天然气等资源基本依赖进口，只有沿海地区的金枪鱼产业比较发达。因此，莫妮克表示，毛里求斯应该在海洋方面寻求更大的发展空间，在海洋油气、海洋矿业、海洋盐业、海洋电力业等方面都可以努力探索，积极发展。在海洋论坛会议上，她与时任中国海洋局局长达成了一致观点。毛里求斯提出了将两国合作发展的方向转向海洋领域。准备大力发展海洋事业并且定下了在 10 年之内就要将毛里求斯的海洋产业发展到一种很强大的局面。莫妮克 · 奥桑 · 贝勒波表示，只有在海洋事业上尽心尽力和中国合作，才能使毛里求斯这个国家继续发展。由于海洋领域的工作比在陆地上艰难，因此这对于毛里求斯来说，是一个巨大的挑战。如果海洋领域的经济合作得到发展，那么也会带动这个国家各个领域的合作发展。莫妮克·奥桑·贝勒波很乐观地认为这项政策是可以实行的，并且希望今后毛里求斯在海洋事业上能够在全世界占到一个举足轻重的地位。

利用这个机会，莫妮克还访问了福建厦门，参观了厦门大学。在厦门大学受到了热情的招待。莫妮克副总统与学校负责人一起登上了学校最高的建筑，并从那里俯瞰校园。莫妮克一行人还参观了厦门大学现代化的教学机构和新颖的教学模式，对其赞赏有加。莫妮克表示，她觉得中国的大学建设得非常不错，教学形式也与时俱进，所以才能培养出众多的人才。她还表示，她希望可以和中国在教育方面加强合作，毛里求斯的大学欢迎中国学子的到来。

在厦门大学，有两名来自毛里求斯的学生去拜见了莫妮克副总统。莫妮克副总统表示，希望毛里求斯更多的学生能够来到厦门大学学习和进修。这样不仅能培养一些为国家作出杰出贡献的人才，而且能够增强中国与毛里求斯两国的友谊，使两个国家有更加密切的合作。由毛里求斯副总统莫妮克·奥桑·贝勒波带领的毛里求斯代表团一行，还与中国驻毛里求斯前大使王富元、时任福建省外办副主任王天明等进行了亲切友好的会谈。随后一行人前往石狮市进行参观考察。石狮市政府副市长蔡天守热情地陪同考察。莫妮克·奥桑·贝勒波副总统一行人来到石狮市华宝明祥食品有限公司，听取工作人员对公司情况进行详细介绍，参观了生产车间，并就相关方面的话题进行交流。莫妮克·奥桑·贝勒波副总统表示，食品公司生产设备先进，加工技术精湛，生产的一系列海洋产品取得了显著的经济效益,公司的发展前景十分光明。再者，石狮的地理位置优越，靠近海洋，海洋资源丰富，获取方便，距离毛里求斯也不算很远，而且毛里求斯的海洋资源也很丰富，这样双方就有更加广泛的合作空间。

在厦门大学，莫妮克副总统一行人不仅仅参观了学校的教学设施，她还专门抽出时间去逛了厦门大学附近的动物园，来看望从毛里求斯“走出去”的两位老朋友——象龟“毛嘉”和“毛鹭”夫妇俩。

# 04 再创辉煌

在毛里求斯旅游业快速发展的同时，也带动了餐饮业、住宿业、旅游购物业，甚至于交通运输业的快速发展。

毛里求斯现在的住宿业在全球都是享有知名度的。在毛里求斯，五星级酒店比比皆是，这里的住宿环境、服务条件都是非常高级的。舒适柔软的大床，面朝大海的落地窗，可以将毛里求斯的美景尽收眼底。清晨的阳光，夜晚的月光，都将这里装饰成了天堂。如果你来毛里求斯，没有住过这里的五星级酒店，也是十分遗憾的。毛里求斯的酒店周围不仅景色优美，而且其价格也十分优惠，这样就吸引了更多的游客到来。

提及旅游，便不得不说与其息息相关的购物业的发展，这也是莫妮克非常看好的。毛里求斯是购物者的天堂。由于地域不同，在毛里求斯你可以购买到各种各样的东西。如果你来到了路易港，你可以购买到上好的服装，手工编织的亚麻绳，还有上等的香料和纪念品；如果你来到了蔻丹广场，你可以购买到美丽的珠宝钻石、斯湾毯，还有精美的书籍和船模型。总之，你来到这里绝对是不虚此行的。

而莫妮克认为，毛里求斯的发展，更多地带动了文化的交流。每个国家都有属于自己的民族文化,毛里求斯也不例外。应该积极地将自己的文化价值传播出去。莫妮克觉得应该培养艺术人才，这样才能更好地与其他国家进行交流。她提议发展建设艺术类院校，与其他国家进行艺术方面的交流，将自己的文化特色展现出来，让世界都可以看到毛里求斯的民族文化。在和多国的交涉下，毛里求斯的艺术类学校开设了留学生奖金，留学生学校补贴，吸引了各个国家的留学生来毛里求斯，也让毛里求斯的学生越来越多地走出国门去认识世界，了解世界，并将毛里求斯的文化传播出去。

莫妮克常常去各个学校参观，她强调要积极开展课外活动，多让学生参加比赛，提高自身的能力。多组织校外活动，让孩子们亲身体会大自然的美好。她也希望可以多多地了解其他国家的文化。比如，她所了解的中国的儒家文化，孔子是中国的“圣人”,相当于西方的苏格拉底。中国一直信奉“以和为贵”，这就是孔子的思想。中国拥有五千多年的历史，文化底蕴的深厚可想而知，她认识到文化对于一个国家的发展具有潜移默化、持久深远的影响，所以现在，在毛里求斯的各个地区都开始将自己的民族文化展现出来，当有外国游客时，他们不仅带游客参观毛里求斯的自然风采，而且会向游客介绍毛里求斯的人文历史，风俗文化。

如今世界在飞速发展，世界的各个国家也在积极寻求发展的道路，莫妮克相信世界的未来是美好的，毛里求斯自然也不例外。她相信在毛里求斯人民的努力下，毛里求斯也将实现经济的繁荣和昌盛，毛里求斯的综合国力也将变得更加强大。

Chapter 07

# 华裔大使的中国心

## ——钟律芳

钟律芳，祖籍广东梅县，是出生于毛里求斯的华裔外交官，曾任毛里求斯司法部部长，2008年2月任驻华大使，2015年离任回国。钟律芳是中国客家人后裔，父母都是来自中国广东省梅县。他在任毛里求斯驻中国大使期间积极参与各种组织活动，推广本国文化，为中毛两国合作、往来和友好作出了重大贡献。

## 01 “奥运同心”

2001年中国申请举办2008年奥运会成功的消息一时间传遍世界各地。2008年2月上任的毛里求斯驻华大使钟律芳先生作为一名中国人的后代，也曾经对申办奥运会的成功充满了激动之情。

毛里求斯一直尽力与中国维持良好的外交关系。钟律芳作为毛里求斯与中国关系友好的见证者，为中国和毛里求斯双方的互相促进、互相发展创造了机会。毛里求斯在1968年恢复“自由身”，成为一个拥有国家主权的国家，并在1972年和中国确立了正式外交关系，这对于两国有着重要的影响。到现在为止，中国和毛里求斯从经济到文化再到政治，以及其他各方面的联系都是非常紧密的。希望两国能以更加积极的态度去面对未来，通过“一带一路”的建设，搭起更加宽敞的友好桥梁，实现互利共享，达到合作共赢。

2008年8月第二十九届夏季奥运会在北京举行。这年2月，钟律芳正好上任毛里求斯驻华大使。在中国任驻华大使期间，钟律芳先生参加了一次由中国记者网举办的与网民实时提问解答的栏目。记者当时询问他对于中国奥运会的看法。钟律芳毫不犹豫地对记者说道，这次奥运会不仅仅展现了中国的“办事效率”和“办事能力”，更使中国在国际舞台上的地位得到提升，向全世界的人民传递出中国有能力做成并且做好每一件事情的信心，这是一次几乎挑不出毛病的完美的奥运会，向全世界人民展现了中国的文化之美，风景之美，人文之美！

毛里求斯驻华大使钟律芳说，对于天气可能变坏而影响奥运会的正常举办这一不确定情况，奥委会准备了许多的应急措施，由此可见，中国奥委会对这次的奥运会举办是多么的重视，不放过任何一个细节，力求达到完美，为人类呈现一次完美的盛会。根据历次奥运会举办的经验，每次在奥运会结束之后，一定会产生大量的废弃品，这些废弃品可能会对举办国的环境造成一定的坏影响。而且除了遗留下来的废弃品与垃圾，汽车尾气也是不得不考虑的问题。钟律芳说，中国奥委会采取的措施就是在奥运会举办的那几个月，强制减少了车辆的出行，大大减少了路上的行车数量，避免了道路由于车辆过多而出现的拥堵现象，更减少了汽车尾气的排放量。不仅中国有这样的情况，毛里求斯现在同样对这个问题感到很头疼。奥运会的成功举办使全世界人民对于中国的认识更加全面，为他们展现了真正的中国的独特之美，成功地展现了中国人民的热情好客的一面，中国的文化对于世界也有了极大的影响，并且增加了各国人民对于中国普遍的认同感。”由此可见，钟律芳对此次奥运会的举办是多么赞赏，同时也从侧面反映出奥运会取得的巨大成功，是一次史无前例的盛会！

钟律芳以前说过，中文与各地语言的差异可能会是阻碍中国文化传播的最不利因素。因此记者对他提出了询问，希望他对北京奥运会举办提出一些可以改善的意见。然而在参加过奥运会之后，毛里求斯驻华大使钟律芳否定了他之前的看法。因为中国奥委会对于这一问题早已提出了解决方案，你会发现在奥运会的各场馆内有很多高科技的产品被运用了进来，对于走进场馆的人遇到的各种问题，通过图示和各种语言的方式在各种电子设备上给予解答，从而不会因为语言不通而产生麻烦。在奥运会场馆之外，比如在餐馆、在北京街头，遇到各种问题，中国奥组委就安排了许多通晓外语的志愿人员，尽量给予周到细心的服务。世界友人足以看出中国奥组委对这次奥运会精心的准备工作。这些都为中国奥运会的成功举办增添了绚丽的色彩。

## 02 / 生活的情趣

在毛里求斯，足球深受毛里求斯所有民众的喜爱。钟律芳之前在一个足球俱乐部里曾担任队长，在足球方面有一定的造诣。少年时，钟律芳在学校参加了学校足球队，曾经是校队的队长。虽然他不是学校足球队中最有天赋的球员，也不是当时校队中表现最好的球员，但他根本不会把别人的优秀当成自己的壁垒，而是在自己梦想的路上一路前行，艰苦磨练。在训练中他曾经脚踝受过伤，腿上更是伤痕累累。但没有什么可以打退他的意志，没有什么能阻止他的进步。就这样日复一日，把一点一滴的努力积攒成坚不可摧的力量。在年度考核中，钟律芳以个人综合素质第一的好成绩，被选为校队的队长。

除了足球，现在钟律芳喜欢的运动是骑自行车和游泳。当记者夸赞他身体硬朗的时候，他中气十足却谦虚地对记者说，现在年纪大了，打不了太长时间的比赛，短时间的运动还是可以的。说完之后，他与记者都相视而笑，场面十分融洽。钟律芳在工作中需要良好的身体作为支撑，所以，运动是很多官员的生活必不可少的一部分。很多时候，为了坚持锻炼，钟律芳经常会骑着自行车出门，领略城市和乡村的风景，呼吸野外新鲜的空气，以此增强体质。

钟律芳是一个对传统文化十分重视的人，从小受到父母和家人的影响，他很喜欢节日的文化。他说，在中国，像春节、端午节、元宵节等的节日都是由祖先们为了纪念某个人或者某件事而形成的习惯，并且传承给后辈的珍贵的文化遗产。从这些流传下来的节日当中，我们都可以清晰地体会到先辈当时的感情与对某个人、某件事的看法。钟律芳也十分喜欢传统节日。他在华人聚集的地方，品尝中国传统的食物。在自己的国家，陪家人欢度圣诞节。在热闹的节日中，他不会像政客那样，显得正统和严肃，而是放下了工作中的负担，尽情地享受亲情带给他的温暖和乐趣。钟律芳工作上的一丝不苟，生活中的尽情自在，让很多人羡慕不已。

有一次，在大使馆工作的时候，钟律芳看到中国人过端午节都会吃粽子、贴花马等。本来就喜欢热闹的他，也去市场，买了一些用彩纸编成的马和剪纸作为收藏。还在粽子飘香的巷口，买了许多粽子，带到了大使馆内。工作人员吃着自己的领导买的粽子，内心十分的高兴。虽然，钟律芳平时忙碌着，但他会想着每一个和他一起工作的同事，并照顾好他们。钟律芳的生活情怀，感染着周围许多的人。热爱生活的他，把自己的生活打理得井井有条，他没有让工作占据自己全部的生活，也没有让生活只有物质享乐，他的生活充溢着人文的关怀、文化的情趣和精神的追求。

## 03 “异地同心”

1972 年 4 月 15 日，中国和毛里求斯正式建交。1988 年，中国在毛里求斯建立了海外第一个中国文化中心。作为一个世界闻名的旅游国，其在与中国建交的 40 余年中，除去最为引人眼球的旅游往来之外，两国之间还存在着哪些值得我们去追忆和思考的发展历程呢？

钟律芳认为，中、毛两国的关系始于 19 世纪，那时中国的第一批移民来到毛里求斯，时隔多年，他们还是那样的热情友好，这也是中、毛两国能在 1972 年 4 月 15 日顺利建交的重要原因。

中、毛两国的关系，多年来，在贸易、文化、经济、政治和社会领域内不断发展。1988年在毛里求斯政府的支持下，中国在毛里求斯建立了世界上第一个中国海外文化中心。1996年，毛里求斯在中国北京设立了毛里求斯驻华大使馆。商贸活动日益频繁，中国现已成为毛里求斯最重要的贸易伙伴国。此外，从2014年起，由上海、北京直飞毛里求斯的航班将从每周三次增加到每周五次。更令人惊喜的是，毛里求斯是世界上第一个允许中国游客和商人不需签证到访的国家。

自两国建交以来，经济技术合作、经贸往来、文化教育合作等一直持续发展着，而这其中，毫无疑问，最引人注目的是两国的文化交流。1988年，中国就在毛里求斯建立了第一个海外中国文化中心，而毛里求斯也是唯一一个将春节定为法定假日的非洲国家。

钟律芳认为，中国政府在毛里求斯设立中国文化中心，支持当地的华人庆贺农历新年，这在一定程度上，是中国政府推广中国文化的有效方式，也是参与当地文化生活活动的一个重要途径。文化中心的毛里求斯成员有机会了解到中国多样的文化，就好像他们在中国各地的文化中心学习一样。我想强调的是，这里的中国文化中心一直以来都负责开设毛里求斯的孔子学院，因此，它也使中国在大多数毛里求斯人民心中占据着一个特殊位置。

中国是一个有着许多年文化积淀的国家，有很多神奇的、美好的文化与景色。亲切的民众、淘气的孩子、节日的喜庆，都给这个具有中国血统的毛里求斯人带来了深深的感触。钟律芳会骑车去大使馆周围锻炼身体，经常碰到在公园中锻炼身体的人群。广场舞的锻炼形式，让他大开眼界，他也会偶尔感叹中国公民的生活确实在发生着变化。同样，钟律芳也带给了中国人亲切的感觉。一次采访中，在不大的广播厅里，记者与大使钟律芳先生相视而笑。记者首先说，他作为一名驻华大使，让中国人很有亲切感。钟律芳先生笑着说，他的祖籍本来就是在中国，听说中国的寻根文化在不断地发展，这对于很多人来说是一个特别有意义的事情。中国人有叶落归根的传统，“根”这个字的含义在全世界每一个人的心中都有着一个特殊的位置。寻根文化的兴起，给了每一个离开家乡的人一份对于家乡最深刻的牵挂。

钟律芳不仅有非常多的普通朋友，还有很多中国政界朋友。众所周知，旅游资源是毛里求斯发展的重要条件。钟律芳希望在和中国等其他国家的友好往来中，大力发展旅游业。他在出席各种会议和活动过程中，都会介绍自己国家的特色和优势，然后带着十足的诚意邀请每一个人到毛里求斯去参观、度假、投资、旅游。钟律芳代表毛里求斯驻华使馆出席了中非工业合作发展论坛，在此次论坛中，他肯定了中非合作的巨大意义。在活动中，钟律芳更加深入地了解了论坛各国交流合作的情况，而且十分乐意继续深入加强中非合作和交流。这次活动，不仅使得毛里求斯对于中国的企业有了较好的了解，也在一定程度上推动和建立了中国企业的品牌化发展。近年来，中国对毛里求斯的投资日益增加，毛里求斯旅游业的发展，特别是饭店业和相关的房地产开发是吸收外资的最主要经济部门。钟律芳在这次合作中，看到了中国的诚意，也预示着中毛两国友好相处的前景。

钟律芳在驻华使馆工作的时候，评估了毛里求斯的现实情况。他认为，当时的毛里求斯还没有真正的独立发展的能力。毛里求斯位于印度洋，有很多知道毛里求斯所在的地方的国家是在非洲。其实，毛里求斯并不是在非洲的中部，而是在非洲的边角地区。在面对其他人对毛里求斯实际位置感到较为模糊的时候，钟律芳用了一个十分清晰的例子说明了情况。他说，坐飞机的话，从南非到毛里求斯，四个小时就应该能到达了。

其实，毛里求斯的居民人数并不算太多，但是毛里求斯的国民们都很友善，通过一段时间的相处之后，都是可以去交的朋友。毛里求斯的祖先们大部分来自非洲，还有一部分来自亚洲，其中亚洲人里面以中国人和印度人居多。印度人占了毛里求斯的15%左右的人口。来自不同地区的人口，组成了毛里求斯的人口。所以，毛里求斯的民俗呈现复杂多样的特点。过节时，在同一个地方，可以领略到不同风俗，这让毛里求斯整个国家的习俗都呈现了除原有特点之外，还融合了其他民族的特色的习俗。毛里求斯驻华大使钟律芳先生在采访中同样遇到了需要向人们解释多民族多风俗的问题，宗教习俗也是人们十分关心的一部分。钟律芳似乎对这个问题的回答十分重视，他快速思考过后便端正了身子，说道，毛里求斯这个国家并不是只有一种教派，而是由许多种教派共存的，几乎世界三大宗教在毛里求斯都有一定的地位。民众信仰自由和幸福生活，带给国家的益处也是随处可见的，民众可以深刻地体会到国家对于自己的支持和关心。毛里求斯展示了一种和谐、向上的积极的一面。因此，各个宗教都有其自身的价值，不同的宗教教义带给了毛里求斯这个国家所在的居民们积极向上的正能量，而且正是因为这种情况，在毛里求斯并没有大的冲突和矛盾。

钟律芳在面对中毛两国合作发展的方面，提出了很多自己的建议，也在多次合作中发挥了举足轻重的作用。每每提到经济发展的时候，钟律芳的表情立马显得有些严肃起来，他认为，经济和贸易是中国和毛里求斯两国交流最频繁的部分。当然其他方面也有很多的联络与合作关系，但是经济贸易是最为突出的一部分。中国在 2008 年的 5 月份在毛里求斯建造了一个经济合作区，这个经济合作区促进了毛里求斯的经济发展，也使得中国与毛里求斯的合作中，不断深化和全面，更会使两个国家在经济、文化的相互碰撞中，促进中国和毛里求斯的交流，为今后更加全面、广阔的发展创造美好的未来。钟律芳分析说，就从毛里求斯现在的情况来说，毛里求斯的经济已经排到了非洲各国的前列，这不得不归功于各国的相互理解、相互包容、相互配合。在今后，毛里求斯当然希望与中国能更好、更深入在各个领域共同进步、共同发展。毛里求斯的发展优势也是很明显的。在毛里求斯，当地人不仅说英文，而且有其他的语种在毛里求斯使用。这使得不同国家在对毛里求斯的投资过程中，大约都可以找到合适的语言。因此，不管是中国出口的商品，还是毛里求斯本地的商品都会有一个更好的平台被转移到非洲大陆的市场。不仅如此，毛里求斯在非洲也是处于一个不可缺少的地位，并且与非洲其他国家都有着很好的经济、政治往来。这样，有利于中国对非洲其他国家的了解，更有机会能与非洲其他国家增强联系，在经济、贸易、政治上都形成一种合作的局面。

很多人都说，毛里求斯是闯荡者的圣地。在毛里求斯投资经商的人都是怀着梦想与激情去开展的。初来乍到的创业者，带着他们自己的技艺，开启了人生之路。已经在毛里求斯待了十几年的饭店老板说，当年他只身一人来到毛里求斯创业，虽然开始的时候比较艰辛，但是这里的人真的非常友好。饭店老板最初只带了到当地买简单食材的资金。第一个星期，他还能住得起当地最便宜的旅店，他每天都会在天还没有亮的时候起床，然后准备做小吃的食材。经过两个小时的准备和忙碌，便开始了一天的售卖。万事开头难，这个初来乍到的年轻人，第一天所有的收入连食材的成本都没有赚回来。这样一来，本来就稀缺的资金变得更加紧张了。没有卖完的食材如果放到第二天还是可以继续做成小吃的，但是这个年轻人并没有这么做。第二天，买他东西的人数依然没有增加，可是他还是遵循了自己的原则，废弃了不新鲜的食材。一个星期过后，收入虽然不是特别理想，但是终于可以使自己不再浪费食材，他可以卖完所有准备的东西。抱着这样诚实为首的心态，三年过后，便有了属于自己的第一家饭店。如今，他特别感谢毛里求斯当地的居民对他的帮助和信任。能够坚持下来，都是因为每天总会有那么几个常客带着不同的人来支持他的生意。现在，他已经在毛里求斯定居了，并娶了一位当地人作为的妻子。

在毛里求斯做生意相对于很多国家来说是比较容易的，这里不仅有各种文化，最关键的是，在毛里求斯申请自己的公司是很方便的。在其他地区要好几个月，经过反复的流程才能成功，而在毛里求斯是轻而易举的。而且在这个国家的税收也是很低的，这让去毛里求斯的投资商人保证了自己最大的经济利益。处于发展中的毛里求斯，是投资的黄金时期，这种种的特点就是为什么毛里求斯会有那么多投资经商的人去闯荡的原因。钟律芳非常希望有各个国家的人去毛里求斯发展。而且就拿中国来说，在毛里求斯发展会受到许多吸引人的待遇。因为毛里求斯政府就会为其提供最完善的保护，在各方面保护着异国人的权益。在毛里求斯，如果有异国人由于种种原因想回到自己的国家，他的投资物政府会无条件的返还。这让在毛里求斯投资的商人，感受到了安全。而且，在毛里求斯，有许多行业都是由旅游业而兴起的，因为毛里求斯会提供给毛里求斯经商者一个非常好的便利的条件，而且毛里求斯有非常优越的基础设施。银行业、电信业和网络产业都是可以大展拳脚的领域。

如今，在毛里求斯，中国文化逐渐进入人们的视野，中文学习慢慢地开始受到人们的重视。除了高等学校有可以选修与中国文化相关的课程教育外，如今还在毛里求斯修建了一座孔子学院，在这里开展了专门的中文教育，使得中国传统文化有了更加广阔的传播渠道。钟律芳在一次采访中曾欣喜地对记者说：“最近，与之有关的工作建设差不多已经完成了，坚信这所孔子学校很快就能开始招生办学了，未来也会有许多的毛里求斯本地人学会汉语。”

2015 年 1 月，时任外交部副部长张明会见即将离任的毛里求斯驻华大使钟律芳，对钟律芳担任驻华大使期间对中毛关系发展所作出的积极贡献表示赞赏和感谢，同时表示希望他回国后继续关心中毛友好事业，为中毛关系的进一步发展发挥积极影响。钟律芳感谢中方特别是中国外交部为其在华履职提供的大力支持，并表示回国后将继续为毛中友好尽力，相信毛中关系将不断地向前发展。

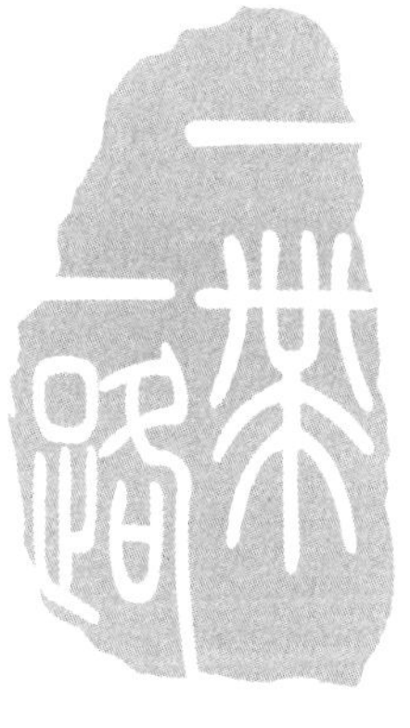
一茶一路

Chapter 08

# 最励志的总统

## ——拉杰克斯瓦尔·普里亚格

拉杰克斯瓦尔·普里亚格（1947—），毛里求斯第五任总统（2012—2015年在位）。出生于毛里求斯一个印度裔的贫寒家庭，上高中时辍学，靠自学完成高中课程，以扎实的功底去了什里·沙姆布纳斯政府学校上学，又考上了毛里求斯大学。1974年当选瓦瓜—菲尼克斯市委员会委员。1976年、1983年、1995年3次当选议员。1980年4月至1982年6月任毛里求斯社会保障部部长，1984年1月至1985年12月任毛里求斯卫生部部长，1995年12月至1997年7月任毛里求斯经济计划、信息和电信部部长，1997年7月至2000年9月任毛里求斯副总理兼外交和国际贸易部部长。2005年当选为议长，2010年连任。2012年7月出任毛里求斯总统。2015年5月29日，普里亚格辞去总统职务。拉杰克斯瓦尔·普里亚格是毛里求斯共和国成立以来的第五位总统，也是一位极为成功的总统，近几年来，毛里求斯也在他的带领下得到快速发展。

## 01 艰辛的求学路

拉杰克斯瓦尔·普里亚格出生于毛里求斯一个印度裔的贫寒家庭。他的祖先凯拉什·普里亚格是盖亚比哈尔地区的原住民。刚开始的时候，盖亚比哈尔地区人还不是很多。但是，随着人口的增加和无规律的开荒，他们的粮食越来越少。部落间的纠纷不断，战争时有发生，生活并不是多么的安定，一直在不停地辗转迁徙。为了能过上安稳平静的生活，在大约 150 年前，普里亚格的祖父拉克士曼·普里亚格毅然决定出海远行，去寻找一个新的环境，重新开辟自己的新生活。拉克士曼·普里亚格的骨子里流淌着冒险家的血液。在萌生离开这个地方的想法后，拉克士曼·普里亚格就没有平静过。他在默默地准备，没有将这个消息告诉任何人。海边的那片树林是他的秘密基地，那里藏着他准备的所有东西。

拉克士曼·普里亚格亲手打造了一艘坚固的船，准备了一个月的储粮，还带了一些轻便的武器。就这样，踏上了远航的路。在海上漂泊了一个星期后，最终他来到了毛里求斯。

这里是一个火山岛国，周围是艳丽的珊瑚礁，海里有五颜六色的鱼群。上了海岸，是空旷的平原，远处有几排草房，在海岸的附近还挂着渔网。这是一个沿海的渔村，带着兴奋的心情，拉克士曼·普雅格下了船，走到了村庄里。语言的障碍并没有给拉克士曼·普里亚格造成多大困难。最终，他留在了这里，做契约劳工。

拉杰克斯瓦尔·普里亚格继承了祖父的勤劳勇敢，他不仅是个有独立思想的领导者，更有一双勤劳的双手，带领着这个国家走向光明！

1947 年 12 月 12 日，拉杰克斯瓦尔·普里亚格出生，给家人带来了欢乐。他从小热爱学习，家人都十分欣慰。到了上学的年纪时，很多孩子都会闹着不去上学，而拉杰克斯瓦尔·普里亚格在上学的第一天就自己早早地起来，收拾好需要带的东西，穿戴整齐后，便离开了家。但是到他高中时，家里再也负担不起他的学费和生活费了。无奈之下，拉杰克斯瓦尔·普里亚格离开了学校。

让人感慨的是，即使离开了学校，拉杰克斯瓦尔·普里亚格也没有放弃学习，而是根据积累的学业基础和老师教过的学习方法，继续在家里学习。这几年的上学经历，使得本来自学能力就强的拉杰克斯瓦尔·普里亚格形成了十分良好的学习习惯。他凭借着自己的天赋和努力，自学完了所有高中课程。

后来，拉杰克斯瓦尔·普里亚格通过不断努力，以扎实的功底去了什里·沙姆布纳斯政府学校上学，后来又考上了毛里求斯大学。大学期间，他致力于自己感兴趣的事情，并做了十分周密和详细的计划。他喜欢游泳，参加了校游泳社团；他喜欢听讲座，便从来不落下任何名师讲座；为了学习，他可以在图书馆待一天而不吃饭。有一次，他坐在了图书馆一个较暗的角落，管理员在关灯的时候并没有看到拉杰克斯瓦尔·普里亚格还在默默地读书。此时他看书也入了迷，在管理员关灯的一瞬间，背了一首诗。这一句诗，不仅吓到了管理员，还让管理员在多年之后依然记得这个爱书如命的小伙子。从那以后，管理员总会在没有事情的时候，和拉杰克斯瓦尔·普里亚格讨论一些政治问题。每当新闻中出现了什么重大事件和新闻的时候，他们便会热火朝天地讨论起来。从这时，拉杰克斯瓦尔·普里亚格便逐渐对政治产生了兴趣，并且在图书馆的日子里，还自学了有关政治学的相关内容，为今后的道路做了最基础的准备。他在大学毕业的时候才知道，原来图书馆的管理员曾经是一位政治老师。这位不太正式的启蒙老师，开启了他人生又一扇重要的大门。

大学期间，他还做一些兼职工作，利用勤工俭学，帮着家里减轻负担，为家里分担一定的经济压力。他的工作能力和态度得到了很多人的赏识。在他兼职的公司的一次重大决策中，拉杰克斯瓦尔·普里亚格提出了自己强有力的理论，为公司赢得了市场，从而获得一大笔利润。作为回报，公司给了他丰厚的报酬，这成为他人生的第一桶金。这一桶金让拉杰克斯瓦尔·普里亚格找到了自我发展的另一个领域，走上了个人的富强之路。

## 02 勤勉的总统

因为出色的能力和对时局的精准把握，拉杰克斯瓦尔·普里亚格被成功吸收加入了工党，他在工党中大展拳脚，对工党交与的任务都完成得很出色。在工党的那几年，拉杰克斯瓦尔·普里亚格的表现突出。

拉杰克斯瓦尔·普里亚格在成为国家政要的过程中，为毛里求斯作出种种巨大的贡献。他1974年当选瓦瓜—菲尼克斯市委员会委员。1976年、1983年、1995年3次当选议员。1980年4月至1982年6月任社会保障部部长，1984年1月至1985年12月任卫生部部长，1995年12月至1997年7月任经济计划、信息和电信部长，1997年7月至2000年9月任副总理兼外交和国际贸易部长。2005年7月当选议长。2010年5月连任。

2005年7月，工党联合其他5个反对党组成社会联盟，获议会多数席位并组阁，由拉姆古兰再度出任总理。

工党领导的执政联盟政府努力兑现竞选承诺，积极推进经济社会改革，改善民生，赢得较高支持率。在2010年5月新一届议会大选中，工党联合社战党、社民党组成“未来联盟”参选，击败了战斗党、国家团结党和社会民主运动党组成的“心之联盟”，拉杰克斯瓦尔·普里亚格再度连任议长，拉姆古兰成功连任总理。2011年8月，执政联盟破裂，拉姆古兰总理对政府进行小幅改组，社战党退出政府。2012 年 3 月 30 日，社会主义战斗党支持的总统贾格纳特，因为与工党领袖纳文钱德拉·拉姆古兰总理领导的政府分歧严重，宣布辞职。31 日，副总统贝勒波出任代总统。同年 7 月，议长拉杰克斯瓦尔·普里亚格就任总统，并兼任毛里求斯武装力量的总司令。职位越大，肩上的担子相对也就越重。他的突出贡献，赢得了众多毛里求斯人民的欢呼声与赞扬声。

毛里求斯恢复独立之后，每一届的国家执政者都用心维护着国家各民族之间的关系，毛里求斯各民族之间也越来越团结，毛里求斯的国家发展也越来越富强，最终在世界舞台上拥有自己的一席之地。拉杰克斯瓦尔·普里亚忠于职守，尤其是在国家的外交方面，取得了前人难以企及的卓越成绩。

拉杰克斯瓦尔·普里亚格继承了前任总统贾格纳特的做法，为中国与毛里求斯的交往付出了巨大的努力。经济贸易是中国和毛里求斯两国交流最频繁的一个领域。除此之外，中国与毛里求斯两国在文化领域的交往频繁。在中国，像春节、端午节、元宵节等的节日，都是由祖先们为了纪念某个人或者某件事而形成的风俗习惯，并且传承给后辈的珍贵的文化遗产。在毛里求斯，最盛大的节日不仅有圣诞节，像中国的春节也成了一个公共的节日。这样，在毛里求斯生活的中国人和毛里求斯本地人都可以享受到春节的热闹非凡。

## 03 暮年的壮心

拉杰克斯瓦尔·普里亚格在他的回忆录中回忆，他最推崇的人就是前任总统贾格纳特。在职时他学习贾格纳特总是能统观大局，善于抓住关键问题，制定一系列方针政策，采取一系列重大措施，引领毛里求斯这个国家不断地发展壮大。在卸任了总统一职之后，他仍然没有停止自己的脚步。他继续为国家、为人民不停地奔走，在不同领域奉献自己的力量。

普里亚格无疑是一位成功的政府官员。他是兢兢业业地不断地为自己的国家求发展、为民众谋幸福的领袖人物。在他的事业履历中，总是有诸多熠熠生辉的闪光点。这些印记，都能从他一路走来的辉煌的人生中得到印证。早在他还担任毛里求斯副总理兼外交和国际贸易部部长的时候，他就被授予印度洋星钥勋章高级官员的荣誉。众所周知，毛里求斯被称为"印度洋里的明星和钥匙"，连马克·吐温都盛赞这里仿佛就是按照天堂的样子修建的。这个美丽的国度，为了表彰国家官员在任职期间的优异表现，设立了"印度洋星钥"这一荣誉勋章。获得这一勋章的人，则是受到了最公正的认可，是这一印度洋的岛国里璀璨的明星。

此后，普利亚格当选为毛里求斯议长，在他担任议长的过程中，2007 年 8 月 23 日，他还被授予路易港市荣誉自由勋章。路易港是毛里求斯的首都，这个勋章同样意义重大。此外他还在 2009 年 3 月 12 日又被授予印度洋星钥勋章高级指挥官。此后，他连任议长，并最终在 2012 年，成功当选为毛里求斯总统。在当选总统后，普利亚格更加兢兢业业，先后出台了诸多的政策，促进了毛里求斯稳定而又快速的发展。在这个全世界最美的地方，他也收到了最美的赞赏。2013 年，第十一届海外印裔代表大会在印度如期举行，他被授予了海外印度人萨曼奖，该奖是海外印度人的最高荣誉。印度最近几年发展势头迅猛，对于人才更进行了不拘一格的选拔。普里亚格虽然不可能响应印度方的呼吁，回到印度去创业，但是他的成就是有目共睹的，不仅在毛里求斯人民心中，就连在印度人眼里，都是备受瞩目的。2015年，普里亚格卸任总统。回顾他这一路走来，真的是伴随着鲜花和掌声，受到广大民众的支持和认可。这是他努力坚持的结果，是他交出来的一份满意的答卷。毛里求斯是印度洋里最闪耀的那颗明星，而普里亚格无疑是毛里求斯最闪耀、最亮眼的那颗星。

# 后　记

“一带一路”相关国家众多，代表性人物众多，为中外交好、民心相通作出杰出贡献的人士众多。因此，为“一带一路”璀璨群星立传，既使命光荣，又责任重大。在这项浩大工程的策划、组织、执行过程中，有许许多多的志士参加了有关传主的名单征集和审定，以及写作、翻译、审读、编辑、出版、筹资、联络等繁重而琐细的工作。所有参与的人员，以拳拳报国之心、尽深厚学养之力，克服了时间紧、任务重、要求高、压力大等诸多困难与挑战，最终圆满完成了任务。在本书付梓之际，丛书编委会特向参与本项目的全体同志致以崇高敬意和衷心感谢！

同时特别需要鸣谢的是，提出策划并领导实施此项目的中国传记文学学会会长王丽，基于长期法律实务经验和担任“一带一路服务机制”主席职务的便利，她对相关国家和走出去的“一带一路建设者”以及广大青少年的需求了解真切，提出应当为他们写一套介绍各国典型人物的简明易读的传记，为他们提供健康的精神食粮。她把这项“额外”的工作当成了事业，不惜四处奔走筹集经费、苦口婆心招揽作者、精心挑选传主名录、夙夜青灯挥笔写作、近乎偏执逐字推敲、亲力亲为呕心沥血。面对如此浩大的出版项目和繁重的出版任务，中国出版集团华文出版社、中联部当代世界出版社、五洲传播出版社三家出版社携手毅然承担了出版任务，努力将该传系图书列入国家的重点出版工程，以高质量的编辑和装帧，确保了这套百卷丛书的国家级水平。在此，我们特向这三家出版社的相关领导和编辑们致以崇高敬意和衷心感谢！

尤其让我们感动的是，在项目执行过程中，一些富有家国情怀的民间商会和企业家的慷慨解囊，虽不足以支撑项目的全部费用，但是他们所表现出的热心和支持，让我们坚定了走下去的信心和决心，特向他们的拳拳报国之心和慷慨无私帮助致以崇高敬意和衷心感谢！

一项伟大的事业，离不开许多默默无闻的奉献者。在本传系的组织、编写、出版过程中，有历史、文学、科研、外交、教育、法律、翻译、出版等领域的数百位专业人士参与，恕不能在此处一一详列。需要特别提出的是，鞠思佳、李华华、景峰等同志为组织联络、搜集资料到处奔波而毫无怨言，唐得阳、唐岫敏、白明亮、谭笑、曹越等同志在编写、翻译和编辑、校对过程中的细致与负责让我们感动，赵实、胡占凡、高明光、吴尚之、刘尚军、李岩、王灵桂、李永全、陈晓明、许正明、宋志军、丁云、关宏等同志睿智的指点和专业的帮助让我们避免了许多弯路。在此，我们特向以上各位同志致以崇高敬意和衷心感谢！

当然，由于我们水平所限，本丛书难免有某些不尽如人意和瑕疵之处，敬请学界专家和各位读者不吝赐教，我们将在作品再版之时吸收完善。在此，我们也向各位读者提前表示崇高敬意和深深感谢！

“‘一带一路’列国人物传系”编委会

2023 年 3 月 28 日